워드프레스로
홈페이지 · 블로그 만들기

Beginning

Beginning
워드프레스로 홈페이지 · 블로그 만들기

초판 3쇄 발행 · 2013년 07월 05일
지은이 · 황홍식, 유진희, 최재영
펴낸이 · 조주연
펴낸곳 · 앤써북
출판등록 · 제 382-2012-00007 호
주소 · 경기도 고양시 일산 서구 가좌동 565번지
전화 · 070-8877-4177
FAX · 02-2275-3371

정가 · 14,700원
ISBN · 978-89-968739-2-1

이 책의 일부 혹은 전체 내용을 무단 복사, 복제, 전재하는 것은 저작권법에 저촉됩니다.
본문 중에서 일부 인용한 모든 프로그램은 각 개발사(개발자)와 공급사에 의해 그 권리를 보호하고 있습니다.

도서문의 · 앤써북 http://www.answerbook.co.kr

앤써북은 독자 여러분의 의견에 항상 귀기울이고 있습니다.

머리말

정저지와(井底之蛙) vs www, 'WWW'가 World Wide Web이란 뜻입니다. 하지만, 인터넷 강국이라던 대한민국의 현실은 어떨까요? 홈페이지는 대부분 디자인 중심으로 개발되어 있고, 검색포털에서 키워드를 검색하면 첫 페이지는 광고글로 도배되어 있으며, 자주 이용하는 카페와 블로그는 검색 포털에 구속되어 확장하기 힘든 시스템으로 되어있습니다. 인터넷 최강국이라는 대한민국의 네티즌들은 지금까지 "우물안 개구리"처럼 살아왔고, 지금도 그렇게 살고 있으며 또 앞으로 그 우물 속에서 계속 살게 되는 건 아닐까요?

홈페이지 vs 개인블로그, 두 가지 중 어느 것이 가치 있어 보이나요? 당연히 홈페이지가 훨씬 더 가치 있어 보이고 그럴듯하게 보일 것입니다. 그런데...왜 많은 사람들은 홈페이지를 만들지 않고 블로그를 개설해서 운영하고 있을까요? 굳이 홈페이지가 필요 없을 수도 있지만, 홈페이지 제작은 어렵고 비용이 많이 들어가기 때문입니다.

포털 블로그 vs 워드프레스형 블로그, 블로그를 새로 시작하거나, 기존 블로그를 바꾸려고 고민하신다구요? 이미 파워블로그들이 독식하고 있는 검색 포털의 블로그나 티스토리 등으로 만드시려고 계획하시나요? 아니면 광고도 가능하고 원하는 스타일로 다양하게 꾸밀 수 있는 워드프레스형 블로그로 가드시렵니까?

일반적인 홈페이지 VS 워드프레스 홈페이지, 막대한 제작비용을 지불하는 것도 모자라 유지 보수비용까지 지급해야 되고 새로운 기능 추가하려면 추가 비용이 발생합니다. 또한 제작기간도 오래 걸리고 원하는 스타일로 만들기도 힘든 기존 홈페이지를 고수하시렵니까? 아니면 페이스북, 트위터 등 최신 SNS와 스마트폰 등에서 마음대로 구현되는 것은 물론 세련되고 화려한 디자인에 글만 쓰면 자동으로 검색 최적화되고 비용도 아주 저렴한 세계 최고의 홈페이지 제작도구인 워드프레스에 도전해 보시렵니까?

제가 워드프레스를 처음 접하게 된 것은 2011년 9월이었습니다. 당시 활동이 뜸하던 커뮤니티 연합사이트인 '시솝클럽'을 리뉴얼하기 위해 고민하던 중 워드프레스로 한번 만들어 보라고 권하던 친구가 있었습니다. 그 당시 워드프레스에 관해 검색한 결과 참조할만한 자료도 거의 없고 몇몇 블로그의 간단한 글들이 전부이었습니다. 처음 워드프레스를 접했을 때 '저렴한 비용으로 내가 직접 만들 수 있다.'에 매료되었습니다. 그리고 워드프레스로 사이트를 만들다 보니 마치 레고로 멋진 예술품을 만드는 것처럼 플러그인도 적용해보고 다양한 테마도 적용해보니 점점 워드프레스의 재미에 빠지기 시작했습니다.

PREFACE

그런데, 구축과정에서 몇 가지 문제점에 부딪히기 시작했습니다. 첫 번째는 어떤 문제점에 부딪히면 '문제를 혼자서 해결하기에는 시행착오를 너무 많이 겪어야 하기 때문에 쉽지 않구나.' 라는 생각이 들었습니다. 그래서 2012년 1월 31일 카페를 개설하게 되었고, 카페를 운영하다보니 워드프레스를 배우려는 분들을 대상으로 강의도 하게 되었고, 워드프레스 관련 컨텐츠가 쌓이고 노하우가 축적되면서 그 동안의 지식들을 정리하여 책으로 만들게 되었습니다.

이 책은 저를 포함해서 카페 운영진 진희와 재영이가 함께 만들었지만 실질적으로는 워드프레스 카페 회원님들이 만든 책이라 할 수 있습니다. 그동안 워드프레스 카페와 카페에서 주관하는 워드프레스 초보 강의 때 많은 질문을 해주신 분들께 감사드리며, 바쁜 시간을 쪼개어서 카페운영뿐만 아니라 책 집필까지 함께 참여 준 진희와 재영이에게 감사드립니다. 그리고 논문 쓰느라 아이 돌보느라 바쁜 상황 속에서도 집필할 때마다 항상 맛난 간식과 커피 등 물심양면 도움을 준 와이프 곽서연, 그리고 이제 갓 21개월 되었는데 집필할 때 크게 방해하지도 않고 혼자서 잘 놀아준 아들 황우주군과 가족 여러분들께 감사드립니다. 그 외 주변에서 힘과 용기를 북돋아준 여러 지인들과 커뮤니티의 여러분들께 지면을 빌어 감사의 인사를 드립니다.

마지막으로 카페 회원님들 질문에 정성껏 최선을 다해서 답변을 달아주시는 스탠리님, bulletinproof님, 오터넷님, JonJon님 모두 감사드립니다.

황홍식

이 책을 보시기 전에 참고할 사항

이 책에서 사용된 워드프레스 버전은 주로 3.3 버전입니다. 워드프레스는 계속 업데이트되고 일부 서비스의 명칭도 변경되고 있습니다. '대시보드' 명칭은 '알림판'으로, '테마디자인' 명칭은 '외모'로 변경되었습니다. 이 책을 읽고 워드프레스에 관한 궁금한 사항은 워드프레스 카페 (cafe.naver.com/wphome)를 활용하시기 바랍니다.

추천사

웹환경의 비약적인 발전을 일컬으며 우리는 웹3.0 시대를 살아가고 있다고 이야기합니다. 이러한 환경에서 개인에게도 홈페이지 저작툴의 뉴 시대를 열게 해주는 워드프레스를 만나게 된 것은 행운이고 즐거움이라고 생각합니다. 특히 인터넷 소자본 1인 창업을 꿈꾸는 이들이라면 알차게 안내서 역할을 해주는 이 책을 통해 창업의 길을 적극적으로 모색해보길 추천하고 싶습니다.

열린 사이버대학 창업학과 **황윤정 교수**

전 세계 홈페이지 시장을 장악하고 있는 워드프레스가 이제 국내에 상륙해서 곧 유행이 될 것 같습니다. 특히, 저희 토즈 같은 중소기업들의 홈페이지가 워드프레스로 바뀌면 SNS와 구글 등을 통해 많이 홍보될 수 있고 해외시장 개척기도 많은 도움이 될 수 있을 것 같습니다.

모임 전문공간 토즈 **김윤환 대표**

워드프레스 초보자 입문용 책이 전무한 상황에서 단비 같은 책이 출간되었습니다. 수년간 발전이 검춰져있는 국내 웹시장에 활력을 불어넣고, 국내 기업들이 세계무대에서 경쟁력을 얻을 수 있도록 워드프레스의 저변 확대와 국내 사용자들에게 많은 도움이 될 것을 확신합니다.

아이비네트워크 **최현규 기술대표**

개발자 중심의 오픈소스와 개발형 서비스가 지금까지 세계적인 트랜드였다면 블로그에 익숙한 일반 사용자도 쉽게 따라할 수 있는 워드프레스는 이제는 대세가 될 것입니다.

다음커뮤니케이션 LBS 기획팀 **서승원**

워드프레스는 누구나 쉽고 간단하게 자신만의 블로그를 만들고 콘텐츠를 생산하며 다른 사람과 소통하는 것을 목적으로 합니다. 해외에서는 이미 많은 업체, 개인 블로그 홈페이지들이 워드프레스를 이용하고 있습니다. 한국 내 워드프레스 사용자는 최근 3~4년간 급격히 증가되었고, 기업이나 공공기관에서도 사용하기 시작하였으나, 워드프레스를 다룬 한글 책은 두어 달 전만 해도 출간되지 않았습니다. 이제 이 책이 우리나라에서 워드프레스를 더 많은 사람들이 사용할 수 있는 초석이 되었으면 합니다.

워드프레스 한국거버전 지역화 커미터 **장석문**

CONTENTS

목차

1장 워드프레스 개요 _10

01 왜 워드프레스인가? _12
- 워드프레스가 뭐죠? _12
- 워드프레스의 두 가지 형태 _14
- 워드프레스 이야기 _16
- 워드프레스의 장·단점 _17
- 워드프레스를 어떻게 생각하시나요? _18
- 워드프레스 홈페이지 vs 일반 홈페이지 _21

02 워드프레스로 만든 사이트 살펴보기 _25
- 워드프레스로 만들어진 국내 대표 사이트 _25
- 워드프레스로 만들어진 해외 대표 사이트 _25

03 워드프레스, 누구나 할 수 있다 _33
- 워드프레스, 인터넷 기본만 알면 할 수 있다 _33
- 편리하고 심플한 UI _37
- 영어 몰라도 할 수 있다 _41
- 지속적인 사이트 유지관리 기능 _43

04 워드프레스 어디까지 가능한가? _45
- 워드프레스에 적합한 사이트 유형 _45
- 워드프레스로 구축하기 어려운 사이트 유형 _52
- 워드프레스로 쇼핑몰, 커뮤니티 사이트 구축도 가능한가요? _52

CONTENTS

2장 워드프레스 시작하기 56

01 워드프레스 시작 전 준비사항 _58
- 웹브라우저 업데이트 필요성 _58
- 워드프레스 사이트 벤치마킹하기 _60
- 사이트 기획 및 구성하기 _62
- 사이트 메뉴 구조도 만들기 _64
- 사이트 컨텐츠 만들기 _64
- 워드프레스 사용 절차와 알아두어야 할 사항 _65

02 도메인 등록과 웹호스팅 설정하기 _67
- 도메인 설정하기 _67
- 웹호스팅 신청하기 _71
- FTP 설정하기 _76

03 워드프레스 설치와 설정하기 _80
- 워드프레스 설치하기 _80
- 카페24 호스팅센터에서 워드프레스 자동설치하기 _85

04 워드프레스 기본정보 설정하기 _92

05 테마 이해와 선택하기 _95
- 테마 이해하기 _95
- 유료 테마와 무료 테마 비교 _96
- 테마 검색하기 _96
- 유료 테마 검색과 구입하기 _99
- 인기 테마 검색과 살펴보기 _107
- 카테고리별 인기 테마 베스트 _111

CONTENTS

3장 | 워드프레스 무작정 따라하기! _118

01 대시보드 활용하기 _120
- 대시보드에 접속하기 _120
- 대시보드와 사이트 전환하기 _122
- 대시보드 메인화면 구성하기 _123
- 대시보드 핵심 기능 파악하기 _124
- 기본값 설정하기 _129

02 테마 & 플러그인 설치 하기 _131
- 테마 설치하기 _131
- 필수 플러그인 다운받기 _133
- 플러그인 설치하기 _144
- 설치한 플러그인 설정하기 _151
- 버디프레스 & 비비프레스 플러그인 설정하기 _171

03 카테고리 만들고 게시글 작성하기 _175
- 카테고리 만들기 _175
- 게시글 작성하기 _179
- 게시글 이미지 삽입하기 _181
- 사이트 대표 이미지 설정하기 _189
- 페이지 만들기 _193
- 메뉴 설정하기 _195
- 페이지, 카테고리 메뉴 추가하기 _197

04 테마옵션과 위젯으로 사이트 스타일 꾸미기 _202
- 테마옵션 설정하기 _202
- 나만의 글로별 아바타 등록하기 _209
- 위젯, 마음대로 주무르기 _214
- 검색 포털에 사이트 등록하기 _220

CONTENTS

4장 워드프레스를 더욱 빛나게 하는 노하우 _222

01 사이트 소스 수정하기 _224
- 사이트에 한글 폰트 적용하기 _224
- 사이드바 숨기기 _235

02 워드프레스 마케팅 활용하기 _237
- 검색엔진최적화(SEO) 설정하기 _237
- 검색 포털에서 게시글 검색 결과 분석하기 _239
- 검색 포털의 검색 상위에 노출시키는 방법 _242
- 사이트의 콘텐츠 손쉽게 배급하기 _248

03 워드프레스의 미래 _253
- 한국에서 워드프레스의 열기 _253
- 글로벌 시장에서 워드프레스의 전망 _255
- 웹 표준화 _256

부록 워드프레스 핵심 Q&A _260

워드프레스로
홈페이지·블로그 만들기

1장
워드프레스 이해하기

지금까지 우리는 홈페이지나 블로그 등을 만드는데 많은 시간과 비용을 지불해왔습니다. 하지만 워드프레스를 이용한다면 시간과 비용 단축은 물론 글로벌 비즈니스에도 최적화시킬 수 있는 홈페이지나 블로그를 만들 수 있습니다. 이 장에서는 워드프레스로 사이트를 만드는 작업에 들어가기 전 워드프레스의 전체적인 개요에 대해서 알아보도록 하겠습니다.

1. 왜 워드프레스인가?
2. 워드프레스로 만든 사이트 살펴보기
3. 워드프레스, 누구나 할 수 있다
4. 워드프레스 어디까지 가능한가?

01
왜 워드프레스인가?

인터넷 보급의 빠른 확산과 스마트폰, 태블릿PC의 대중화, 보급화로 개인의 소소한 일상을 기록과 프로필 홍보를 위한 개인형 홈페이지부터 기업의 브랜드 이미지 제고를 위한 기업형 홈페이지, e비즈니스를 통한 수입 창출을 위한 홈페이지 등 다양한 분야로 매년 성장하고 있습니다. 그러나 홈페이지 제작은 많은 시간과 높은 비용이 소요되기 때문에 최근에는 '워드프레스'를 이용해 홈페이지, 블로그, 쇼핑몰 등 사이트를 구축하는 이들이 늘고 있습니다. 워드프레스를 이용하면 누구나 쉽게 짧은 시간 사이트를 만들 수 있기 때문입니다.

워드프레스가 뭐죠?

워드프레스란? 누구나 쉽고 간편하게 '테마(theme)'와 '플러그인(plugin)' 등을 이용하여 홈페이지를 구축할 수 있는 콘텐츠 관리 시스템(CMS, Contents Management System)이며 PHP 언어로 개발된 오픈소스 플랫폼입니다. 오픈소스라는 큰 장점 때문에 소스의 수정과 재배포가 자유로우며 개발자나 일반 사용자들이 사용할 수 있는 다양한 테마와 플러그인이 제공됩니다. 즉 html에 관한 지식이 없어도 자신의 원하는 스타일에 맞는 홈페이지를 구축할 수 있습니다. 또한 간편하게 SNS를 연동할 수 있으며, '모바일 웹'도 지원됩니다. 이러한 이유로 워드프레스는 전 세계에서 가장 대중화된 홈페이지, 블로그 등 사이트 개발 도구가 되었습니다.

전 세계 홈페이지의 약 16%가 워드프레스로 만들어졌고, 그 추세는 현재도 점점 증가하고 있습니다. 국내에도 워드프레스 사용자들이 빠른 속도로 증가하고 있으며, 머지않아 국내 웹사이트의 워드프레스 점유율도 높아질 것으로 예상됩니다. 하버드 대학이나 내셔널 지오그러피 같은 유명 사이트는 물론 세계 유수의 기업들과 수많은 글로벌 브랜드가 이미 워드프레스로 구축되어 운영되고 있고, 이를 자사의 홍보 채널로 활용함은 물론 고객과의 커뮤니케이션으로도 활용하고 있습니다. 최근 국내에서도 서울시 홈페이지를 워드프레스로 구축한다는 소식이 전해지자 워드프레스에 대한 관심은 더욱더 뜨거워지고 있습니다.

홈페이지를 만들고 싶은 사람이라면, "홈페이지를 구축하고 싶다. 이왕이면 멋지게 만들고 싶다. 최소한의 비용으로 내가 원하는 디자인과 기능으로 빠르게 만들고 싶다. 그리고 소셜 네트워크 서비스(SNS)를 홈페이지에 연동하고 모바일에서도 이용이 가능했으면 좋겠다." 누구나 이런 생각을 한번쯤 해보았을 것입니다. 워드프레스(WordPress)는 이런 고민들을 한 번에 해결해 줄 수 있는 플랫폼입니다.

> **용어 이해** 콘텐츠 관리 시스템(CMS)이란?
>
> 웹사이트를 구성하고 있는 다양한 콘텐츠나 자료를 계층 구조별로 분류하여 효율적으로 관리할 수 있는 시스템입니다. 워드프레스에서는 플러그인을 통해 개별 포스트를 계층적으로 분류, 관리, 확장할 수 있습니다. 세계적인 CMS 프로그램 중 워드프레스의 점유율이 가장 높으며, 그 외에 줌라, 드루팔 등이 있고, 국내에서 제작된 제로보드(XE), 그누보드 등이 있습니다.

특히, 워드프레스는 웹표준에 최적화 되어 있어 사용자가 웹브라우저나 다양한 환경에도 구애받지 않고 접속 및 사용할 수 있습니다. 2012년 5월 현재 약 7,400만 명이 워드프레스로 홈페이지를 개설하였으며, 전 세계의 CMS 솔루션 중 53.7%가 워드프레스로 만들어졌습니다.

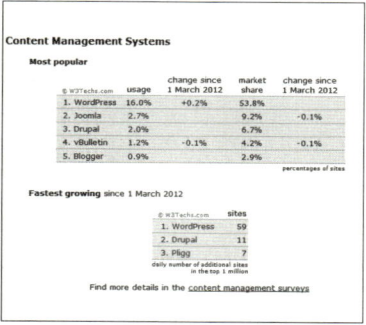

• 워드프레스 사용자 수_ 출처 : wordpress.com   • 워드프레스 CMS 점유율_출처 : w3techs.com

용어 이해 | 웹표준이란?

웹을 이용하는 모든 사람들이 IT기기와 브라우저에 제한 없이 접속 가능하고 홈페이지 및 쇼핑몰의 내용이 동일하게 보이게 하는 웹기술입니다. 즉 웹표준에 최적화된 사이트란? 익스플로러, 구글크롬, 파이어폭스, 사파리, 태블릿PC, 스마트폰 등 어떠한 인터넷 환경에서도 항상 최적화 되어 있는 사이트를 의미합니다.

워드프레스의 두 가지 형태

워드프레스는 Wordpress.org에서 제공되는 설치형과 Wordpress.com에서 제공되는 서비스형 등 두 가지 유형이 있으며, 각각의 장단점은 다음과 같습니다.

구 분	Wordpress.org(설치형)	Wordpress.com(서비스형)
도메인	자신이 소유한 도메인 사용 가능	자신의 계정.wordpress.com
소스수정	모든 소스를 수정할 수 있습니다.	소스 수정이 불가능합니다.
광고	자신만의 광고가 가능합니다.	자체 광고가 탑재되어 서비스됩니다. 광고 탭 삭제 시 추가비용이 발생합니다
장 · 단점	모든 서비스 이용이 자유롭습니다. 사이트 트래픽이 높으면 호스팅비용이 늘어납니다.	모든 서비스 이용이 제한적이고 소스 수정및 광고 삭제 등에 추가비용이 발생합니다.

• 표. Wordpress.org와 Wordpress.com 비교

위 표에서 보듯이 wordpress.com에서 제공되는 서비스형은 다소 제한적인 가입형 서비스로 회원가입만으로 제한 없이 개설할 수 있는 네이버 블로그와 유사한 개념이고, wordpress.org에서 제공되는 설치형은 솔루션을 설치해야 만들 수 있는 티스토리 블로그와 유사한 개념입니다.

워드프레스로 홈페이지를 개설하는 국내 사용자들의 목적은 개인 홈페이지 또는 회사 홈페이지를 만들기 위함입니다. 만약 블로그를 개인적인 소소한 일상을 담는 등 소극적으로 운영할 계획이라면 네이버 블로그나 티스토리 블로그 등을 이용하고, 브랜드 홍보 및 비즈니스 활용 등 적극적으로 운영할 계획이라면 특히 wordpress.org에서 제공되는 설치형 솔루션인 워드프레스로 구축할 것을 추천합니다. wordpress.org에서 제공되는 설치형 솔루션은 wordpress.com에서 제공되는 서비스형 솔루션보다 테마나 플러그인 적용이 원활하며, 호스팅이 비교적 안정적입니다.

• wordpress.org 홈페이지

• wordpress.com 홈페이지

워드프레스 이야기

　워드프레스는 2003년 5월 Matthew mullenweg(1984년생, 미국)에 의해 만들어졌습니다. 웹개발자로 실력이 출중했던 매튜는 2004년 동료 개발자 Duogal campbell과 함께 워드프레스를 개발했습니다. 그리고 1년 뒤인 2005년, 매튜는 자신의 근무지인 CNET를 떠나 워드프레스에 전념하였고 스팸방지 플러그인 Akismet을 개발하면서 정식으로 Automattic이란 회사를 설립하게 됩니다. 많은 관심을 받으며 성장한 Automattic은 2007년에는 모기업으로부터 2억 달러 제의를 받았으나 거절하였고, 2011년 7월 사용자가 5천만을 넘어섰고 2012년 4월 전 세계 탑블로그의 49%가 워드프레스로 만들어졌다고 밝혀졌습니다.

　2012년 5월 26일, 서울에서 '워드캠프 서울 2012'가 열렸습니다. 워드캠프는 전 세계에서 행해지는 워드프레스의 공식행사로 '워드캠프(개최도시)(년도)' 형식으로 표시됩니다. 워드캠프는 2011년 7월과 11월에 이어 한국에서는 세 번째로 열린 워드프레스의 공식행사입니다. 워드캠프 행사는 나라별로 문화적인 차이가 있지만, 각국을 대표하는 워드프레스 전문가들이 다양한 내용을 발표하고 질의응답 시간을 가집니다. 특히, '지니어스 바'에서는 1:1로 전문가의 조언을 들을 수 있는 기회가 주어집니다. 이날은 특별히 오토매틱 직원이 참가했습니다. 오토매틱 직원수는 2012년 현재 106명이며, 전세계 24개국 104개 도시에서 근무하고 있습니다.

- 2012 워드캠프 서울 행사 듣탕자 강덕수 오거나 이저님
- 워드캠프(서울 2012), 오토매틱 나오꼬님과 워드프레스 카페회원님들

'워드캠프 서울 2012'에서는 커뮤니티 세션 시간이 주어져 필자가 운영중인 '워드프레스 카페(http://cafe.naver.com/wphome)'에 대한 간략한 소개도 발표했습니다.

- 워드캠프에서 발표중인 필자의 모습

워드프레스의 장 · 단점

워드프레스는 소스의 수정과 배포가 자유롭고, 다양한 테마와 플러그인이 제공되어 누구나 쉽고 저렴하게 사이트를 만들 수 있는 강력한 장점을 가진 플랫폼입니다. 워드프레스의 장 · 단점에 대해서 알아보도록 하겠습니다. 워드프레스가 다음과 같은 장점을 가질 수 있는 바 경에는 워드프레스가 누구에게나 소스가 개방되어 있는 '오픈소스 플랫폼'을 지향하고 있다는 점입니다. 폐쇄적인 환경이 아닌 오픈된 구조에서 개발자들의 활발한 개발활동

을 통해 양질의 컨텐츠(테마, 플러그인 등)가 사용자들에게 계속 제공되어 꾸준한 사랑을 받고 있는 것입니다. 특히 워드프레스로 만든 홈페이지는 광고하지 않아도 자동으로 구글 등 검색엔진에 노출되기 때문에 콘텐츠 제작에만 집중할 수 있다는 장점도 있습니다.

워드프레스의 장점	워드프레스의 단점
• 간단한 인터페이스로 누구나 쉽게 홈페이지를 만들 수 있습니다. • 검색엔진 최적화(SEO, Seach Engine Optimization)되어 있습니다. • 오픈소스로 개발자들이 공개한 수많은 플러그인을 활용해 기능 확장이 가능합니다. • 웹표준이 적용되어 IE, 크롬, 사파리, 파이어폭스, 모바일에서 최적화되어 있습니다. • 수 만개의 다양한 테마(유료/무료)가 존재합니다. • 웹호스팅, 도메인등록, 테마 구입 등의 비용이 저렴합니다. • 댓글이 달리면 이메일로 알려주어 스팸을 차단할 수 있습니다. • SNS 연동이 쉽고 편리하게 되어 있습니다. • 모바일에서 쉽게 구현됩니다. • 홈페이지 운영관리를 직접 할 수 있습니다.	• 설치형으로 FTP, 호스팅 설정에 다소 어려움이 있습니다. • 원하는 테마를 찾는데 많은 시간이 소요될 수 있습니다. • 기본적인 사이트 틀에서 벗어난 소스 수정 시 PHP, HTML 등의 지식이 필요합니다. • 대부분의 서비스가 영어로 되어 있어 해석에 어려움이 있습니다. • 플러그인 과다 설치 또는 무료테마 운영 시 'Fatal Error'가 발생하기도 합니다. • wordpress.com 가입 시 테마나 플러그인 설치에 제약이 따릅니다.

• 표. 워드프레스의 장·단점 비교

용어 이해 PHP란?

PHP(Personal Hypertext Preprocessor)는 프로그래밍 언어의 일종으로 설치형 워드프레스 테마 파일을 구성하는 언어입니다. 네이버 블로그, 다음 블로그, 티스토리 블로그 등 국내 포털에서 서비스되는 블로그의 테마 구조는 HTML과 CSS로 구성되어 있는데 반해 워드프레스는 PHP로 구성되어 있습니다. PHP는 HTML과 CSS 구조에 비해 사이트의 속도를 증진시킬 수 있는 장점이 있습니다.

워드프레스를 어떻게 생각하시나요?

국내에서도 서울시 홈페이지 구축 발표 시점(2012년 3월)을 기준으로 워드프레스에 대한 관심이 나날이 증가하고 있습니다. 앞서 살펴본 워드프레스의 장·단점에 이어 실제로 워드프레스를 개설하고 관심을 가지고 있는 국내 사용자들은 워드프레스에 대해서 어떠한 생각하고 있는지 필자가 운영하는 워드프레스 홈페이지 카페(http://cafe.naver.com/wphome)에서 다음 4가지 항목의 설문조사를 진행했습니다.

❶ 워드프레스에 관심을 가지는 이유는?

'워드프레스에 관심을 가지는 이유'에 관한 질문 결과 '홈페이지 개설이 쉽다'는 의견이 가장 많았고, 개설유지 비용이 저렴하다는 점과 웹 표준화 등이 세 번째로 높게 나타났습니다. 대부분의 사용자가 홈페이지 유치에 관심을 많이 가지고 있으며, 소셜네트워크와 스마트폰 연동 등도 무시할 수 없는 이유임을 확인할 수 있습니다.

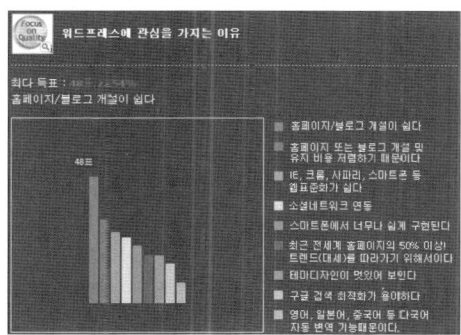

❷ 어떤 용도로 워드프레스를 사용할 것인가?

'어떤 용도로 워드프레스를 사용할 것인지'에 관한 질문 결과 개인 홈페이지 또는 회사 홈페이지를 만들기 위한 목적이 대부분이어 다음 질문을 추가로 진행하였습니다.

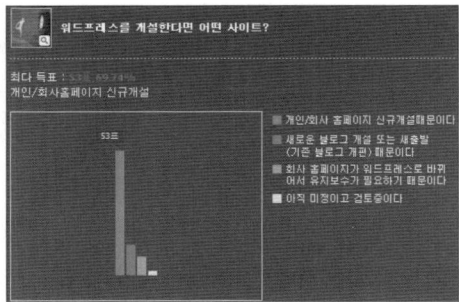

❸ 워드프레스로 만들려는 사이트의 종류는?

'워드프레스로 만들려고 하는 사이트의 유형'에 관한 질문 결과 '소속 회사의 홈페이지를 만들기 위함'이 가장 많았고, 개인 사업이나 창업을 위한 홈페이지가 뒤를 이었습니다. 개인 홈페이지나 블로그를 선택한 결과로 미루어 볼 때, 국내 사용자들은 아직까지 비즈니스에 높은 관심을 보이고 있음을 확인할 수 있습니다.

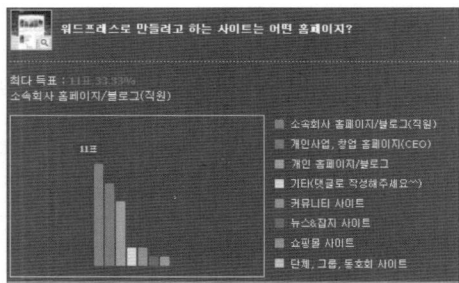

❹ 워드프레스 설치 및 운영 시 가장 어렵다고 생각되는 부분은?

'워드프레스 설치 및 운영 시 가장 어려운 부분'에 관한 질문 결과 '소스 수정하기(폰트 변경 등)'라고 답한 응답자가 대부분이었습니다. 이 답변 결과로 미루어볼 때 PHP, HTML 등 개발 언어를 사용해본 경험이 없는 초보자들의 부담감이 크게 작용함을 알 수 있습니다.

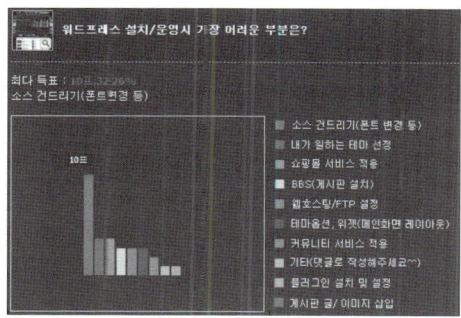

　워드프레스를 사용하는 연령대와 성별은 어떻게 분포되어 있을지 확인해보겠습니다. 발표된 공식적인 자료가 없는 관계로 워드프레스 카페의 회원 분포도를 통해 살펴보도록 하겠습니다. 아래 그림을 보면 남성의 비율이 77.6%로 남성이 여성보다 월등히 관심이 많으며 연령대는 30대가 46.7%로 가장 많고, 그 다음으로 20대와 40대가 분포되어 있습니다.

• 워드프레스 카페의 회원 분포도

워드프레스 홈페이지 vs 일반 홈페이지

　워드프레스 홈페이지와 일반 홈페이지는 어떤 차이가 있을까? 앞서 살펴본 봐와 같이 워드프레스는 저렴한 비용으로 초보자들도 직접 손쉽게 원하는 스타일의 홈페이지를 구축할 수 있는 점이 가장 큰 차이점이자 워드프레스의 장점입니다. 자신이 살 집을 직접 설계하고 만드는 것과 같은 개념입니다. 워드프레스로 홈페이지를 만드는 경우와 일반적인 방법(솔루션, 직접 제작 등)으로 홈페이지를 만드는 경우를 비교해보겠습니다.

직접 구축 가능

워드프레스와 일반 홈페이지의 가장 큰 차이는 손쉽게 직접 구축할 수 있다는 점입니다. 워드프레스는 '5분설치' 라는 말이 있을 정도로 설치가 간편하고 인터페이스 또한 쉽게 구성되어 있습니다. 테마를 직접 선정하고 플러그인 세팅 작업도 간단하게 처리할 수 있습니다. 반면 일반 홈페이지의 경우 전문적인 지식과 노력 없이는 직접 제작이 어려울 뿐만 아니라 많은 시간과 비용이 소요되고 결과 또한 만족스럽지 못할 수 있습니다.

저렴한 비용으로 구축 가능

워드프레스로 홈페이지 구축 시 웹호스팅 비용, 도메인 구입비용, 테마 구입비용 등 3가지 비용이 발생합니다. 호스팅 유지에 필요한 최저 비용은 약 10,000원(1년 기준), 도메인 비용이 약 10,000~20,000원(1년 기준), 테마 구입비용은 약 $30~$80정도 입니다. 또한 홈페이지 유지보수 비용은 거의 발생하지 않는다고 볼 수 있습니다. 즉 약 10만원 안팎의 비용으로 홈페이지 구축이 가능합니다. 반면 일반 홈페이지의 경우를 살펴보겠습니다. 솔루션 업체를 이용하여 구축하는 경우 최소 수 백만 원에서 수 천만 원의 제작 및 유지보수 비용이 발생될 수 있습니다.

최신 트렌드 적용 가능

워드프레스로 만든 홈페이지는 항상 최신 트렌드를 적용시킬 수 있는 환경을 구축할 수 있습니다. 국내에도 플러그인과 테마를 자체적으로 개발하는 업체나 개인들이 꾸준히 증가하고 있으며, 오픈소스로 개발된 프로그램을 공개하고 업데이트가 제공되어 최신 서비스를 빠르게 적용할 수 있습니다. 또한 전 세계 수많은 사용자들과 개발자들이 항시 모니터링하고 있어 프로그램에 오류 문제가 발생할 경우 빠른 시간 내에 그 문제를 해결할 수 있습니다. 반면 일반 홈페이지의 경우 일정기간이 지나면 리뉴얼이 필요하며 추가 비용이 발생합니다. 예를 들어 홈페이지에 페이스북, 트위터를 연동시키기 위해서는 게시판과 사이트 구조를 다시 개발하거나 수정해야 되며 이에 따른 추가비용이 발생합니다.

워드프레스 홈페이지 vs 일반 홈페이지 비교

다음은 워드프레스로 만든 홈페이지와 일반적인 방법으로 만든 홈페이지를 비교한 표입니다.

구 분	워드프레스 홈페이지	일반 홈페이지
직접구축	가능	매우 어려움
개발자	필요 없음	필요함
유지보수	필요 없음	추가비용 발생
소셜 네트워크 서비스 연동	플러그인 이용 가능	추가비용 발생
관리자 메뉴	대시보드(알림판)	원하는 폼 가능
게시판	워드프레스형 게시판	제로보드, 그누보드

• 표. 워드프레스 홈페이지와 일반 홈페이지 비교

워드프레스는 티스토리와 유사한 특징을 가지고 있습니다. 워드프레스와 티스토리는 모두 설치형이지만, 티스토리는 검색 포털의 특성상 다소 제한적인 부분이 있습니다. 티스토리는 블로그

기능 중심으로 만들어졌지만 워드프레스는 블로그 뿐만 아니라 홈페이지, 쇼핑몰 등 다양한 목적의 사이트 역할도 함께 적용할 수 있습니다. 그 외에도 플러그인과 테마 서비스에서 워드프레스가 더 큰 강점을 가지고 있습니다.

구 분	워드프레스	일반 블로그
웹표준화	기본적용	불가
소셜 연동	플러그인 이용 가능	가능
게시판	워드프레스형 게시판	다양한 권한 게시판
검색엔진최적화	구글 검색 최적화	키워드+이미지 등 자신의 노력에 따라 가능

• 표. 워드프레스와 일반 블로그 비교

용어 이해 제로보드란?

제로보드란 홈페이지 관리자나 사용자가 인터넷으로 정보를 교환할 수 있게 만들 수 있는 CGI로 프로그래밍 언어입니다. 제로보드를 이용하면 홈페이지에서 자신만의 게시판, 방명록, 카운터뿐만 아니라 회원들을 직접 관리할 수 있습니다. 또한 제로보드의 XE Core를 설치하면 다양한 게시판, 블로그, 카페, 검색모듈 등을 구현할 수 있습니다. 그누보드란 제로보드와 유사한 게시판을 만들 수 있는 프로그램입니다. 제로보드는 완성도면에서 우수한 반면 그누보드는 속도면에서 우수합니다.

02
워드프레스로 만든 사이트 살펴보기

최근 조사에 의하면 전 세계적으로 방문자가 가장 많은 웹사이트 100만개 가운데 14%가 워드프레스를 이용해 만들어진 것으로 나타났습니다. 이 결과는 웹 페이지의 점유율 뿐만 아니라 사용자가 많이 찾는 인기사이트에서도 워드프레스가 강세를 보여주고 있다고 유추해볼 수 있습니다. 국내 사이트 중에는 전 세계 랭킹 1,000위 안에 들어가는 사이트가 몇 개밖에 없지만, 머지않아 한국에서도 워드프레스로 만든 사이트들이 세계적인 우수한 사이트로 알려질 것이라 확신합니다.

워드프레스로 만들어진 국내 대표 사이트

워드프레스로 만들어진 국내 대표 사이트들은 워드프레스 전문 웹에이전시(홈페이지 구축업체)를 통해 개발된 경우가 많습니다. 최근에는 삼성, LG, CJ 등의 대기업과 서울시, 한국관광공사 등 공공기관까지 워드프레스로 홈페이지를 구축한다는 소식이 알려지면서 일반인들도 워드프레스에 대한 관심이 높아지고 있습니다. 이로 인해 남들보다 한 템포 빨리 개성있는 개인 홈페이지를 만들기 위해서 워드프레스를 이용하는 사용자들도 눈에 띄게 증가하고 있습니다. 워드프레스로 만들어진 국내 대표 사이트를 분야별로 살펴보도록 하겠습니다.

TIP

사이트가 워드프레스로 만들어졌는지 확인하는 방법

익스플로러 주소창에서 워드프레스로 만들어진 사이트 웹주소에 '/wp-admin'(❶)를 입력하여 접속하면 워드프레스 관리자 페이지가 나타납니다. 단 관리자 접속 방법의 소스를 수정한 경우에는 관리자 페이지가 노출되지 않습니다.

뉴스, 매거진 분야

다음은 워드프레스로 만들어진 국내 뉴스 및 매거진 분야의 대표적인 사이트들을 소개합니다.

사이트명	특징	사이트 메인화면 구조
블로터닷넷 www.bloter.net	국내 대표 IT 전문 팀블로그 뉴스사이트로 국내 워드프레스 사이트 중 가장 방문자수가 많은 사이트이자 IT미디어 기사점유율 1위 사이트입니다. 2008년에 워드프레스 MU를 도입해서 운영 중이며, 상당수의 모바일 사용자를 보유하고 있으며, 구글 검색 최적화와 소셜 네트워크 서비스와 연동이 잘되어 있습니다.	
딴지일보 www.ddanzi.com	디지털 조선일보의 패러디 신문으로 정치·사회·문화·이슈 등을 풍자적으로 기사화한 뉴스 사이트입니다. 블로터닷넷과 유사한 형태로 만들어 졌으며 주로 댓글로 커뮤니케이션으로 운영되고 있습니다.	
퍼스트룩 firstlook.co.kr	CJ 엔터테인먼트에서 운영하는 패션매거진 사이트로 온스타일, XTM, 스토리온 등 스타일 채널의 스타일 콘텐츠 역량을 기반으로 워드프레스로 만들어진 매거진입니다.	
스타패션 kstarfashion.com	드라마 예능 등을 통해 비춰진 스타들의 다양한 패션을 소개하는 패션뉴스사이트입니다. 스타들의 패션에 포커스를 맞춘 점이 기존 연예뉴스와의 큰 차별성이라 볼 수 있습니다.	

기업 홍보 및 공공기관 분야

다음은 워드프레스로 만들어진 기업 홍보 및 공공기관 분야의 대표적인 사이트들을 소개합니다.

사이트명	특징	사이트 메인화면 구조
LG전자의 블로그 social.lge.co.kr	기업의 페이스북, 트위터 등 SNS를 블로그를 통해 유입되고 방문할 수 있으며, 블로그의 다양한 소식을 SNS로 공유할 수 있습니다. SNS 연동에 최적화된 블로그 형태의 기업 홍보 사이트라 할 수 있습니다.	
LG 러브제너레이션 lovegen.co.kr	LG에서 만든 대학생들의 지식과 감성교류를 위한 사이트로 대학생 기자단이 만들어내는 스포츠, 공연, 취업 등 다양한 컨텐츠들로 꾸며져 있어 젊은 사람들의 참여가 높은 것이 특징입니다.	
인사이트 GS칼텍스 insightofgscaltex.com	GS칼텍스의 공식 블로그로 석유, 에너지 이슈 등과 같은 기업 정보 소개 및 기업문화를 소개하는 창구로 활용하고 있습니다.	
서울시 홈페이지 www.seoul.go.kr	서울시 홈페이지는 약 200개 이상으로 상당히 많으며, 워드프레스로 변경작업이 진행 중입니다. 현재 (2012년 5월 기준)는 서울시 홈페이지 메인메뉴에서 [분야별정보]에 있는 페이지는 모두 워드프레스로 변경적용 되어 있습니다.	
SK 텔레콤 스셜 채널 skt-lte.co.kr	SK 텔레콤의 4G LTE 서비스 블로그로 LTE 서비스를 홍보하고 고객과 소통할 수 있는 소셜 채널이라 할 수 있습니다.	

Chapter 01_ **워드프레스 이해하기** 27

쇼핑몰, 중소기업, 비영리단체 사이트 및 개인 홈페이지 분야

다음은 워드프레스로 만들어진 쇼핑몰, 중소기업, 비영리단체 및 개인 홈페이지 분야의 대표적인 사이트들을 소개합니다.

사이트명	특징	사이트 메인화면 구조
CJ셀렙샵 m.celebshop.co.kr	CJ에서 운영하는 쇼핑몰 사이트로 패션관련 뉴스 블로깅이 함께 있어 CJmall과의 차별성이 돋보입니다. 자체 개발한 플러그인을 결제시스템에 적용한 점도 눈에 띕니다.	
FFShop24 www.ffshop24.net	외국인을 위한 국내 쇼핑몰로 다양한 언어지원 플러그인이 삽입되어 있습니다. 외국인이 주요 고객층이기 때문에 결제시스템은 페이팔(paypal)을 사용하고 있습니다.	
deCHECK(designer's CHECK) decheck.leopon.co.kr	Jigoshop 플러그인을 활용하여 만든 사이트입니다. 국내에서는 계좌이체 결제가 가능하며, 또한 Paypal 결제도 가능하기 때문에 해외 판매가 가능하게 만든 사이트입니다.	
와이즈컴퍼니 wayzcompany.com	한지혜 등 스타 매니저먼트 회사인 와이즈컴퍼니의 홈페이지입니다.	
소셜펀딩 개미스폰서 www.socialants.org	아름다운 재단에서 만든 새로운 개념의 펀딩 사이트입니다.	

모셔니스트 motionist.co.kr	도션디자인그래픽 디자이너 조순식 개인 포트폴리오 홈페이지 입니다.	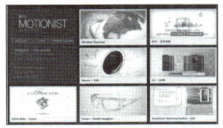

개인이 워드프레스로 만든 사이트들

사이트를 잘 만들기 위해서는 워드프레스로 만든 여러 사이트들의 디자인 컨셉, 색상 매치, 구조도, 구성요소, 컨텐츠 배치 등을 벤치마킹해야 합니다. 특히, 최근에 오픈한 개인이 직접 만든 사이트들을 보는 것은 여러분들이 개설할 사이트와 트렌드가 유사할 수 있기 때문에 벤치마킹 시 도움이 될 것입니다.

필자가 운영중인 워드프레스 홈페이지 카페(http://cafe.naver.com/wphome)와 페이스북 그룹(http://www.facebook.com/groups/wphome)에는 워드프레스에 관심있는 회원들의 수많은 작품들이 새롭게 등록됩니다. 다음은 필자가 운영중인 워드프레스 홈페이지 카페와 페이스북 그룹에 등록된 워드프레스를 이용하여 개인이 직접 만든 사이트 중 대표적인 몇 곳을 소개하겠습니다.

사이트명	특징	사이트 메인화면 구조
티초이스 tchoice.kr	카페 회원 티초이스님이 모바일 개발 회사의 임직원들이 만든 홈페이지입니다. 시원한 구성과 캐릭터가 조화되어 가독성을 높였으며, 회사 소개 및 서비스 소개를 워드프레스로 아주 멋지게 구현한 홈페이지입니다.	
OLTO tetechow.co.kr	카페 회원인 공장암님의 회사 홈페이지입니다. 유아용 도서, 전자기기, 애니메이션, 캐릭터 상품을 취급하고 있으며, 컨텐츠, 제품소개, 커뮤니티, 회사소개를 워드프레스로 잘 조화시켰으며, 쇼핑몰은 새 창 링크로 연동하였습니다.	

사이트명	특징	사이트 메인화면 구조
블루닷 ibluedot.co.kr	공자얌님이 제작한 워드프레스 홈페이지로 '숨어있는 창의력을 끌어내라'는 아이덴티티로 5세~중등부까지 교육하는 창의성 연구소 홈페이지입니다. '뿌꾸와'라는 교재와 연관해서 주메뉴가 다소 많지만 레이아웃 구조와 칼라를 잘 구성해서 깔끔하게 만든 홈페이지입니다.	
JMW 스튜디오 jungminwoo.com	카페 질문게시판에 가장 질문을 많이 했던 회원님이자, 카페 정모에도 참가한 HEY J님의 홈페이지입니다. 프리랜서 디자이너로 홈페이지에 HEY J님의 포트폴리오를 잘 정리해서 올려놓았습니다.	
9FRUITS MEDIA www.9fruits.com	페이스북 그룹 윤보한님의 브랜드 마케팅 회사 홈페이지입니다. 텍스트와 디자인이 잘 조화되어 회사의 포트폴리오와 직원들의 커리어를 잘 표현했고, 워드프레스 테마디자인의 깔끔한 인터페이스를 잘 활용한 홈페이지 입니다	
LH Platform Lab. lab.lh.co.kr	LH 플랫폼 연구소 홈페이지입니다. 기존 테마의 장점을 잘 살려서 이미지와 텍스트 구성을 깔끔하게 처리했으며, 트위터와 연동시켜서 간결하고 심플하게 홈페이지를 구성했습니다.	
스마투스 kr.smatoos.com	최신 교육뉴스, 교육용 어플리케이션 리뷰, 교육 전문가 인터뷰 등을 전문으로 다루는 온라인 뉴스 사이트입니다. 이 사이트 외 학교 랭킹사이트 '스쿨프레스(www.schoolpress.co.kr)'와 교육 영어 홈페이지 'Be Native(www.benative.co.kr)' 모두 워드프레스로 만들었습니다.	

사이트명	특징	사이트 메인화면 구조
monural Design Studio monaurald.com	워드프레스로 디자인 스튜디오를 운영하고 있는 김용안님의 회사 홈페이지입니다. 깔끔한 구성과 포트폴리오가 잘 조화된 홈페이지입니다.	
민주주의친구들 minchin.kr	워드프레스 초창기부터 사용 중이며, 현재는 산청에서 프리랜서 개발자로 활동 중인 이지훈님이 만든 홈페이지입니다. 겉으로 보기엔 일반 홈페이지 같지만, 워드프레스의 특징과 개발기술을 잘 응용해서 만든 사이트입니다	
거제나라닷컴	이지훈님이 만든 거제수산물 인터넷 쇼핑몰 사이트입니다. 카드결제가 가능한 시스템이고 거제소식 SNS 연동을 서브페이지 하단에 구현하고 있습니다.	

워드프레스로 만들어진 해외 대표 사이트

워드프레스는 국내보다 해외에서 기업 홍보, 뉴스&미디어, 문학, 타이포그래피, 전문 컨텐츠, 개인 블로그 등 다양한 분야에서 더 활성화되어 있습니다. 워드프레스로 만들어진 해외 대표 사이트들을 살펴보겠습니다.

사이트명	특징	사이트 메인화면 구조
JASONMRAZ jasonmraz.com	뮤지션 제이슨므라즈의 공식 사이트입니다. 월드 투어 일정과 티켓팅크가 걸려있으며 BuddyPress 구동으로 팬들을 위한 커뮤니티가 생성되어 있습니다.	
CNN Business Blog business.blogs.cnn.com	CNN은 각 섹션별로 블로그를 운영하고 있습니다. Business 블로그는 각 나라의 특파원들이 뉴스를 전달하고 의견을 교환하는 공간으로 활용되고 있으며 매체의 성격상 영향력 또한 매우 높습니다.	
ZDNet www.zdnet.com	제품과 기술에 대한 분석기사가 주를 이루는 전문 뉴스사이트로 한국에서도 자체적으로 운영되고 있습니다.	
NY Times Blogs www.nytimes.com /interactive/blogs/ directory.html	세계적인 뉴스사이트인 뉴욕타임즈의 블로그 서비스입니다. 예술에서 경제학에 이르기까지 모든분야를 다루고 각 디렉토리별로 워드프레스 사이트가 운영되고 있습니다.	
타이포그래피 ilovetypography. com	활자로 되어 있는 모든 디자인을 다루는 사이트로 워드프레스 쇼케이스 평가 1위에 버금가는 다양한 활자 디자인과 정보가 풍부한 사이트입니다.	
Overlapps www.overlapps. com	모바일 어플리케이션을 공유하기 위한 공간으로 커뮤니티 네트워킹이 잘 형성되어 있는 것이 특징입니다.	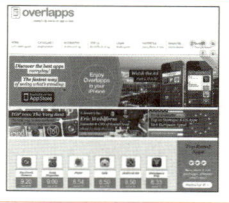
Nokia Blog conversations.nokia.com	세계 휴대 전화에서 가장 큰 제조업체인 노키아의 공식 블로그입니다. 노키아의 제품소개 및 팀에 대한 내용으로 구성되어 있으며 고객과의 소통 공간으로 잘 활용되는 블로그입니다.	

03
워드프레스, 누구나 할 수 있다

워드프레스 플랫폼으로 나만의 홈페이지를 멋지게 구축할 수 있다면 얼마나 좋을까요? 혹시 컴퓨터에 대한 해박한 지식이 없어서, 디자인 툴이나 HTML 태그를 몰라서 워드프레스는 무리라고 미리 포기하는 분들이 있다면, 걱정하지 않아도 됩니다. 다음 장부터 차분하게 따라 하다 보면 생각보다 재미있고 쉽게 내가 원하는 사이트를 만들 수 있습니다.

워드프레스, 인터넷 기본만 알면 할 수 있다

다음은 필자가 운영하는 카페에서 워드프레스를 처음 접한 분들이 가장 많이 질문하는 내용입니다.

"저는 홈페이지 제작 방법이나 웹에 대해서는 전혀 모릅니다."
"디자인 기술이나 개발 언어에 관한 지식도 없습니다."
"제가 과연 워드프레스로 홈페이지를 만들 수 있을까요?"

위와 같은 질문을 받으면 아래와 같이 간단 명료하게 답변합니다.

"인터넷 서핑을 할 수 있고, 사이트에 로그인해서 글도 쓰고 댓글까지 작성할 수 있는 정도라면 얼마든지 워드프레스로 홈페이지 만들 수 있습니다."

플랫폼 구조 비교하기

워드프레스는 단어가 생소할 뿐, 이미 우리가 검색 포털 사이트에서 제공되는 블로그 서비스를 통해서 이용하고 있는 플랫폼의 구조를 포함하고 있습니다. 네이버 블로그 관리자 화면과 워드프레스 대시보드 화면을 비교해 보겠습니다.

네이버 블로그의 관리자 화면은 유사한 기능들을 묶어 특징별로 잘 구분되어 있어 접근과 관리가 쉬워 보입니다. 반면 워드프레스 관리자 페이지는 하나의 메뉴 형태로 구성되어 있기 때문에 어려워 보일 수 있습니다. 특히 네이버 블로그에 익숙한 운영자가 워드프레스의 대시보드(관리자 화면)를 처음 접할 때는 메뉴 및 기능이 익숙하지 않을 수 있습니다. 하지만 대시보드의 카테고리는 네이버 블로그 관리자 화면의 카테고리보다 복잡하지 않기 때문에 쉽게 이해할 수 있습니다.

• 네이버 블로그의 관리자 화면

• 워드프레스 대시보드 관리자 화면

용어 이해 대시보드(dashboard)란?

한 화면에서 다양한 정보를 중앙 집중적으로 관리하고 찾을 수 있도록 사용자 인터페이스(UI) 기능, 문서, 웹 페이지, 미디어 파일 등 다양한 콘텐츠를 한 화면에서 관리할 수 있습니다. 즉, 워드프레스 대시보드는 스킨, 셋팅, 링크, 테마 선택 등 모든 기능을 관리할 수 있는 관리자 페이지라 할 수 있습니다.

테마와 플러그인 비교하기

네이버 블로그의 관리자 설정과 워드프레스 대시보드의 가장 큰 차이점은 워드프로세스는 오픈소스 기반의 수많은 테마와 플러그인으로 기능의 확장이 가능하다는 점입니다. 네이버 블로그에는 다양한 컨셉의 스킨(그림1)을 제공되며, 워드프레스에는 다양한 테마가 제공됩니다. 네이버 블로그의 스킨과 워드프레스의 테마를 비교해보겠습니다.

네이버 블로그의 스킨과 워드프레스의 테마는 '디자인이 입혀진 홈페이지의 레이아웃'에 비유할 수 있습니다. 2012년 5월 현재 네이버 블로그에서 제공하는 스킨의 종류는 41개입니다. 워드프레스는 어떨까요? 워드프레스는 수천 개 이상의 무료 또는 유료 테마를 제공하고 있습니다.

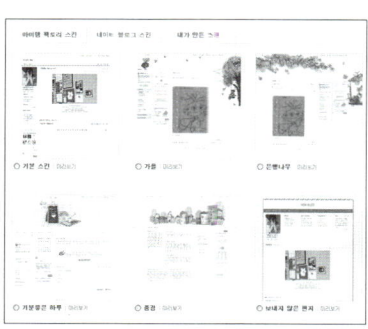
• 그림1. 네이버 블로그에서 제공하는 스킨 종류

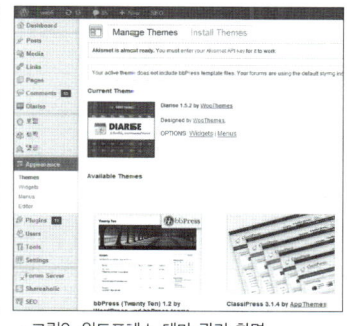
• 그림2. 워드프레스 테마 관리 화면

용어 이해 오픈소스란?

무상으로 공개되는 소스코드 또는 소프트웨어를 의미합니다. 자신이 개발한 소프트웨어의 설계도에 해당하는 소스코드를 무상으로 공개하는 이유는 다른 여러 개발자들과 소스코드 공유를 통해서 혁신 속도가 빨라진다는 장점 때문입니다.

워드프레스의 테마는 네이버 블로그의 스킨과 비슷한 개념으로 볼 수 있습니다. 다음 그림1, 그림2는 네이버 블로그와 워드프레스로 만든 홈페이지의 제작부터 확장까지의 과정입니다. 워드프레스 설치와 테마 및 플러그인 적용이 손쉽게 이뤄지며, 특히 지원되는 2만개(2012년 5월 현재)의 플러그인으로 홈페이지의 기능을 계속해서 확장해나갈 수 있습니다.

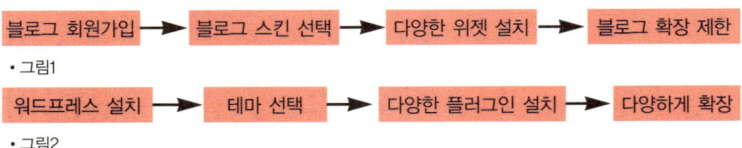

• 그림1

• 그림2

플러그인은 네이버 블로그의 위젯과 비슷한 개념이지만 선택의 폭이 훨씬 넓고 적용 또한 용이합니다. 다음 그림은 네이버 블로그에 지원되는 '블로그 메모장(Ⓐ)' 위젯의 설치화면입니다. 설치한 위젯은 드래그(Ⓑ)하여 블로그 메인화면의 원하는 위치에 손쉽게 배치할 수 있습니다. 다음 그림1은 네이버 블로그 레이아웃·위젯 설정 화면 우측 하단 '메뉴 사용 설정' 영역(Ⓒ)의 최신덧글, 다녀간 블로거, 이웃블로그, 방문자그래프, 태그 등은 위젯이며 워드프레스에서는 네이버 위젯보다 다양한 플러그인들이 제공됩니다.

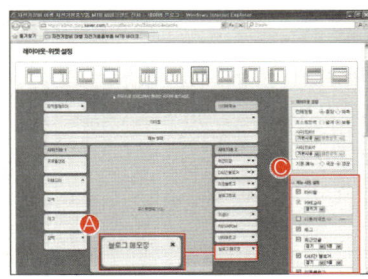

• 그림1. 블로그에 메모장 위젯 설치된 화면

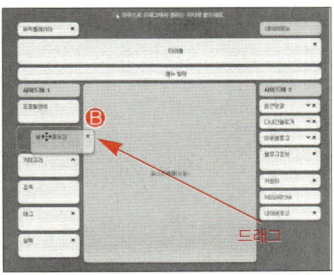

• 그림2. 드래그하여 위젯의 위치를 재배치하는 화면

용어 이해 : 위젯이란?

위젯(Widget)이란 실용적인 목적으로 사용되는 작은 크기의 장치나 도구를 일컫는 말입니다. 자주 이용하는 어떤 서비스를 작은 아이콘 형태로 제작해 독립적으로 구동시키는 미니 프로그램입니다. 위젯은 개인의 목적에 따라 선택하여 다양하게 이용할 수 있기 때문에 개인화 맞춤 서비스에서 중요한 도구로 사용되고 있습니다. 위젯을 블로그에 설치하는 방법은 위젯에 따라 크게 다르지 않습니다. 예를 들어 그림1과 같이 블로그에서 실시간 온라인 상품을 통해서 고객관리가 가능하게하는 온라인상품 위젯, 그림2와 같이 여행 코스별로 탄소배출량을 계산해볼 수 있는 여행탄소 배출량 위젯, 그림3과 같이 블로그의 새소식을 메모로 남길 수 있는 블로그 메모장 위젯 등 다양한 목적의 위젯들을 블로그에 간단하게 설치하여 사용할 수 있습니다. 그림4는 클로그에 그림3의 메모장 위젯(Ⓐ)을 설치한 화면입니다.

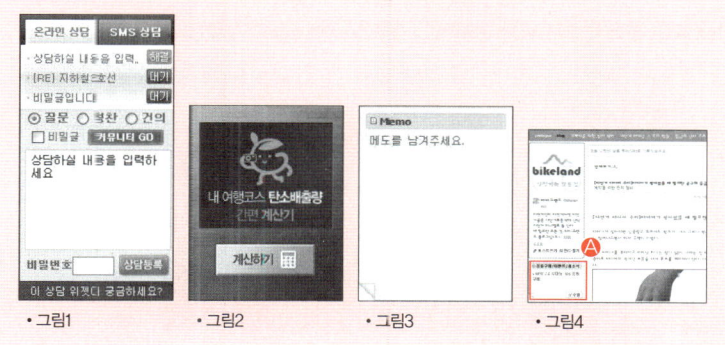

• 그림1   • 그림2   • 그림3   • 그림4

편리하고 심플한 UI

사이트를 설계하고 기획할 때는 UI(User Interface, 사용자 인터페이스)가 매우 중요합니다. UI는 사용자가 보다 편리하게 사이트에 접근하고 이용할 수 있는 환경을 말하는 것입니다. UI는 사이트를 만들 때 설계, 기획 단계에서 반드시 고려해야 하는 요소입니다.

워드프레스는 보편적으로 UI가 잘 구성된 사이트가 많습니다. 또한 고객들의 필요에 맞는 주제에 최적화된 UI를 가진 테마들이 많이 제공되고 있습니다. 일반적인 홈페이지를 제작할 때에는 전문가나 웹기획자가 UI를 직접 설계해야 하지만, 워드프레스는 사용자가 이용하기 편한 테마를 선택하면 테마에 UI 설계가 포함되어 있기 때문에 UI에 관한 별도의 작업이 필요 없게 됩니다.

상단 영역

상단 영역은 다음 그림과 같이 상단 메뉴 영역(❶)과 메인화면(❷) 등으로 구성됩니다. UI에 대한 이해를 돕기 위해 'theme forest' 사의 인기 테마 중 하나인 'modernize' 테마를 예시로 살펴보겠습니다.

• modernize 테마 메인페이지의 상단 영역

❶ 상단 메뉴 구성

modernize 테마 메인페이지의 상단 영역(❶)의 위쪽에 'Home', 'Sitemap', 'Support' 등이 배치되어 있습니다. 이 부분이 사이트의 상단메뉴(Header)입니다. 일반적으로 상단메뉴에는 로고와 소셜 네트워크 연동 버튼 등을 배치합니다. modernize 테마의 상단메뉴 구성을 살펴보면 주메뉴는 7개의 대메뉴로 이루어져 있고 마우스 오버시 하위메뉴가 활성화됩니다. 우측상단에 위치한 돋보기모양 아이콘을 마우스로 클릭하면 검색창이 펼쳐집니다. 상단 메뉴영역 우측이나 좌측의 잘 보이는 곳에 로그인 창을 배치하기도 합니다.

❷ 상단 메인화면 영역

워드프레스 사이트들은 메인화면 영역을 최대한 크게 디자인하여 구성하는 경우가 많습니다. 메인화면 영역은 사이트의 첫 느낌을 좌우하는 매우 중요한 영역이기 때문입니다. 다음 그림처럼 메인화면에서 롤링되는 이미지는 좌우로 화살표를 보여주며 이동이 가능한 경우도 있고, 일정 시간 간격으로 자동 슬라이드 되기도 합니다. 시원한 메인 이미지와 간결한 텍스트를 통해 홈페이지의 주서비스 내용을 한눈에 알릴 수 있습니다.

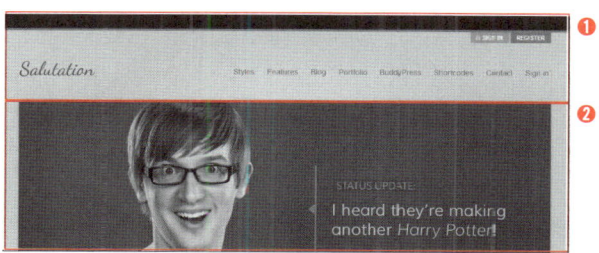

• salutation 테마의 상단 화면

TIP

워드프레스 테마 UI

워드프레스에서 사용할 수 있는 테마는 그 유형(메인페이지의 레이아웃, 상단영역, 하단 영역, 사이드바 구조, 메뉴 구성 등)에 따라 다양한 스타일이 제공되기 때문에 계획한 사이트의 컨셉을 가장 잘 표현할 수 있는 테마를 선택하는 것이 중요합니다.

사이드바 영역

워드프레스 사이트(홈페이지, 블로그 등)의 우측 사이드바(Sidebar) 영역은 워드프레스의 위젯을 이용해 손쉽게 만들 수 있습니다. 최신글 또는 최신댓글 등을 쉽게 확인할 수 있으며, 홈페이지 관리자가 상/하단 위치를 원하는 모양으로 조절할 수 있습니다. 즉, 사이트 방문자가 편리하게 이용할 수 있게 사용자 편의를 고려하여 위치를 배치 및 배열할 수 있습니다.

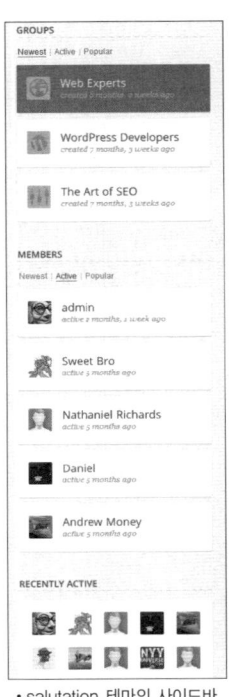
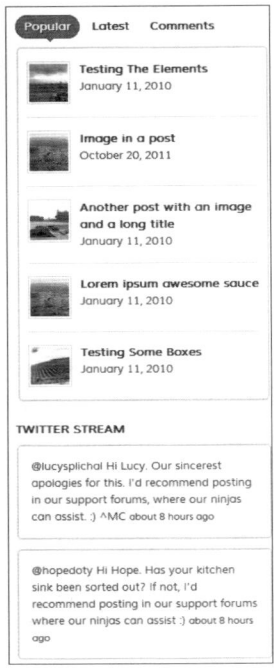

• salutation 테마의 사이드바   • merchant 테마의 사이드바

하단영역

워드프레스 사이트의 하단영역(foot area)은 높이를 높게 할 수도 있고 간단하게 구성할 수 있습니다. 하단 영역은 고객들이 자주 보는 영역이 아니기 때문에 일반적으로 간단한 구성을 선호합니다. 하단영역(footer)은 사이드바 영역과 마찬가지로 위젯으로 손쉽게 구현이 가능합니다.

• modernize 테마의 하단영역

영어 몰라도 할 수 있다

워드프레스에서 테마, 플러그인 등의 설치 및 소개화면 등은 대부분 영어로 서비스됩니다. 만약 영어가 자신 없다면 구글 크롬을 이용하면 구글 번역 서비스를 통해 쉽게 한글로 전환된 화면으로 볼 수 있습니다. 구글 크롬을 설치해서 워드프레스를 이용해보겠습니다.

따라하기

01 구글 크롬(https://www.google.com/chrome) 사이트에 접속한 후 [Chrome 다운로드] 버튼을 클릭하고 크롬 서비스 약관에 동의한 후 [동의 및 설치] 버튼을 클릭합니다.

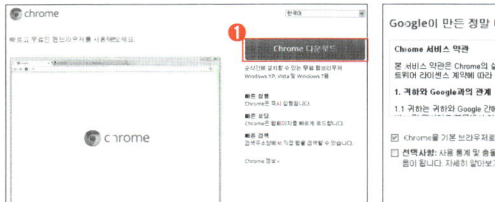

02 '이 응용 프로그램을 실행하시겠습니까?' 창에서 [실행] 버튼을 클릭하면 구글 크롬이 설치됩니다.

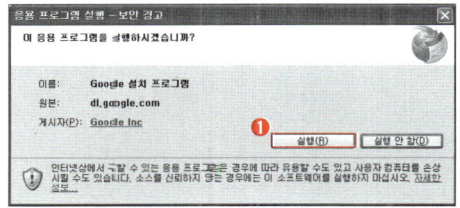

03 설치가 완료되면 크롬을 실행하고 주소 창에 다른 나라 언어로 된 사이트에 접속해봅니다. 여기서는 뉴욕타임즈(nytimes.com)에 접속해보겠습니다. 브라우저 상단에 '이 페이지는 영어(영문 사이트인 경우)로 되어 있습니다. 번역하시겠습니까?' 옆의 [번역] 버튼을 클릭합니다. 영문 사이트가 한국어로 번역되어 다음과 같이 번역된 사이트로 나타납니다.

• 영문 사이트

• 한국어로 번역된 사이트

다음은 구글 크롬을 이용해 워드프레스 인기 유료테마인 U-Design 테마 페이지의 영어 원본과 한글 번역 결과입니다. 번역이 완벽하진 않지만 테마뿐만 아니라 플러그인도 구글 크롬에서 영어를 한글로 쉽게 번역해서 볼 수 있습니다.

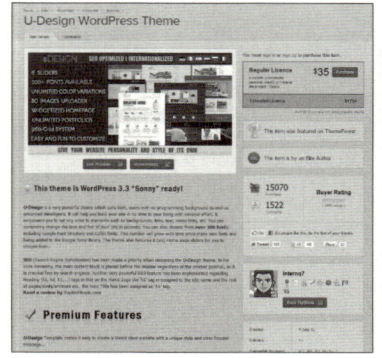
• U-Design 테마 영어원본으로 볼 때

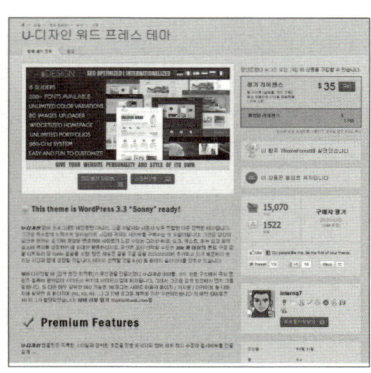
• U-Design 테마 한글번역본(구글 크롬 - 구글 번역)으로 볼 때

지속적인 사이트 유지관리 가능

일반 홈페이지는 규모에 따라 차이가 있지만, 홈페이지를 유지관리 해주는 업체를 지정해서 관리하는 경우가 많습니다. 일정 규모의 홈페이지는 연간 단위로 계약해서 유지보수를 하기도 하고 규모가 작은 업체는 건수 별로 금액을 책정해서 관리하기도 합니다. 하지만 워드프레스 홈페이지는 유지보수 비용이 거의 발생하지 않으며 관리자 스스로 유지보수가 가능합니다.

많은 기업들이 홈페이지 관리와 유지보수 비용부담을 크게 느끼고 있는 만큼 워드프레스의 이러한 유지보수 비용이 거의 발생하지 않는다는 장점은 회사입장에서 크게 환영할 만한 것입니다. 일반 홈페이지와 비교했을 때 워드프레스 홈페이지가 유지보수 분야에서 어떠한 장점들이 있는지 알아보도록 하겠습니다.

구분	워드프레스 홈페이지	일반 홈페이지
게시판	오픈소스 게시판(수정할 필요 없음)	솔루션 또는 자체 개발(리뉴얼 시 수정 필요)
특수기능 (예 : 소셜, 보안 등)	공개 플러그인 이용(수정할 필요 없음)	상동
페이지 구성	게시판으로 구성	디자인 + 개발로 구성
유지 관리비	무료 또는 저렴	고비용
장기 유지관리	오픈소스이기 때문에 유지관리가 수월함	업체 변경 또는 개발자 어로사항 발생

• 표. 워드프레스 홈페이지와 일반 홈페이지의 유지관리 비교

먼저 유지보수 항목 중 게시판을 살펴보겠습니다. 워드프레스 홈페이지는 오픈소스 게시판이라 모두 동일한 형식을 취하고 있습니다. 반면, 일반 홈페이지는 각각 다른 게시판 솔루션을 가지고 있기 때문에 수정 시 비용이 발생하거나 수정 자체가 불가능할 수 있습니다. 이와 마찬가지로 소셜 네트워크 연동이나 설문기능, 방문자 통계 등 다양한 서비스를 홈페이지에서 구현하기 위해

서는 유지관리 및 수정 시 비용이 추가 발생될 수 있지만 워드프레스는 플러그인으로 간단히 해결할 수 있습니다.

또한, 일반 홈페이지는 디자인으로 꾸며진 페이지가 많습니다. 따라서 하나의 페이지를 만들기 위해서는 웹디자이너가 직접 디자인해야 합니다. 하지만, 워드프레스는 누구나 쉽게 포스팅, 편집이 가능하기 때문에 쉽게 해결할 수 있습니다. 예를 들어 바뀐 회사 전화번호를 수정하려면 업체와 연락하고 수차례 반복 요청해야 하는 일은 더 이상 없을 것이라는 것입니다.

아래는 필자가 근무하고 있는 회사 홈페이지의 관리자(Admin) 페이지 내 운영자 게시판입니다. 유지보수 업체에 수많은 요청사항들을 한 눈에 파악할 수 있습니다.

• 사이트 유지보수 및 관리 전용 게시판

일반적으로 홈페이지 유지보수 업체는 기업 환경이 자주 바뀌기도 하고 담당자의 이직 등의 변수가 크게 작용하므로 비용이나 시간적으로 많은 제약을 받을 수 있습니다. 하지만, 워드프레스는 직접 관리가 가능하기 때문에 불필요한 마찰을 없앨 수 있으며, 자신이 원하는 스타일로 관리가 가능하고 오랫동안 안정성을 유지하면서 운영할 수 있습니다.

04
워드프레스 어디까지 가능한가?

워드프레스로 만들기 좋은 사이트는 어떤 사이트이며, 워드프레스의 한계는 어디까지 일까요? 다음 표는 한 외국조사기관에서 조사한 워드프레스를 이용한 사이트들의 카테고리 분포도를 나타낸 그래프입니다. 다음 그래프에서 보듯이 워드프레스를 이용한 사이트 만들기는 특정 분야에 치우치지 않고 다양한 분야에 걸쳐서 활용되고 있습니다. 특히, 해외 쇼핑몰 사이트 중에는 페이팔(paypal) 결제방식을 이용한 워드프레스 활용 사례도 늘어나고 있습니다.

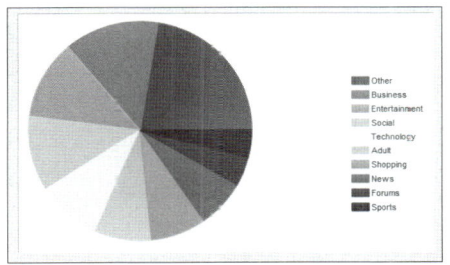

• 표. 워드프레스 사이트 이용 실태_출처 : http://sem-group.net

워드프레스에 적합한 사이트 유형

워드프레스에 적합한 사이트 유형에는 어떤 것들이 있는지 알아보겠습니다.

블로그 형태의 개인 홈페이지

워드프레스는 블로그를 손쉽게 만들 수 있는 저작 도구이며, 현재에도 워드프레스로 만들어진 수많은 블로그가 생성되고 있습니다. 이 때문에 워드프레스의 테마도 블로그 형태가 가장 보편적으로 제공되고 있습니다. 블로깅에 익숙한 사용자라면 다양한 워드프레스 테마를 이용해 더욱 만족스런 블로그형 개인 홈페이지를 만들 수 있습니다. 다음 그림은 필자가 운영하는 개인 홈페이지의 화면이며, elegant 테마 중 Artsee 테마를 적용하였습니다.

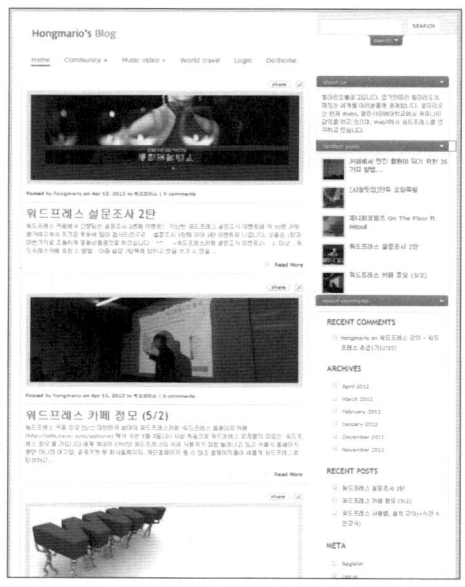

• 블로그 형태의 Artsee 테마를 적용한 필자의 개인 홈페이지

기업 SNS 마케팅용 사이트

2012년 3월에 개설된 '소셜LG (http://social.lge.co.kr)' 사이트는 기존의 LG '더블로그'를 소셜미디어와 결합하여 워드프레스로 탈바꿈한 사이트입니다. 이 사이트는 수십 명의 우수한 필진들의 컨텐츠를 중심으로 페이스북, 트위터, 유튜브 등 소셜 네트워크 채널들과 유기적으로 연동되어 고객과의 소통을 시도하고 있습니다. 이는 해외 글로벌 기업들은 워드프레스 블로그를 소셜마케팅으로 활용하는 것과 일맥상통한다고 볼 수 있습니다.

• 소셜 LG사이트의 소셜 네트워크 채널 연동

중소규모 기업이나 상점, 병원 등의 홈페이지

워드프레스 홈페이지의 가장 보편적인 형태가 상단에 메인데뉴 그 아래에 비주얼 영역이미지와 중간에 썸네일이미지+텍스트 그리고 가장 아래 하단영역(Footer)을 보여주는 레이아웃으로 구성되어 있습니다. 이런 형태의 레이아웃 구성은 일반적인 회사 홈페이지에 적절합니다.

다음 그림은 코드 커뮤니케이션이라는 회사 홈페이지 (http://www.codecom.co.kr)입니다. 사이트에 접속하면 가장 먼저 메인에 노출된 이미지가 눈에 띕니다. 메인 플래시가 시선을 집중시키고 메뉴를 클릭하면 회사소개를 스토리별로 엮어서 시원시원하게 보여줍니다. 그리고 워드프레스의 가장 큰 특징인 회사 최신 뉴스와 화제를 우측 '코드컴스토리' 메뉴에 주기적으로 포스팅하고 있습니다. 이와 같이 워드프레스는 중소기업 홈페이지 제작에 아주 적합하게 되어 있습니다. 관리자가 대시보드 다루는 방법만 알면 업체에 유지보수비를 지급하지 않고도 관리가 가능하기 때문에 비용절감에 유리합니다.

• 코드 커뮤니케이션 사이트

이미지가 화려한 포트폴리오 사이트

워드프레스 사이트는 화려한 이미지를 슬라이드 형태로 제공하는 테마들이 많습니다. 슬라이드 형태뿐만 아니라 '이전', '다음' 사진을 아주 디자인을 깔끔하게 표현한 테마들이 많기 때문에 워드프레스로 사이트를 개편하는 스튜디오들이 많이 생겼습니다. 그 외에도 디자인 관련 회사 홈페이지들이 포트폴리오로 활용하기 위해 워드프레스를 선호하고 있는 추세입니다. 다음은 사이트 디자인이 화려한 프로젝트에디(projecteddy.co.kr) 사이트 사례입니다.

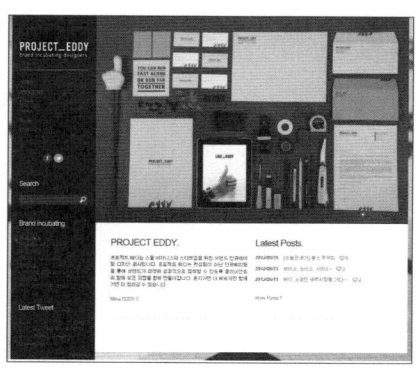

• 프로젝트에디 사이트

엔터테인먼트 관련 홈페이지

워드프레스는 멀티미디어에도 강합니다. 수많은 개발자들이 Youtube, Vimeo, Flickr 등의 사이트와 연동하기 때문에 한류열풍에 힘입은 엔터테인먼트 사업 종사자들과 예술 계통의 직업군 종사자들도 많이 이용하고 있습니다. 다음은 코리아닷컴 (Korea.com) 영문 사이트입니다.

• 코리아닷컴 영문 사이트

워드프레스로 구축하기 어려운 사이트 유형

워드프레스로 홈페이지를 만들 때 구축하기 어려운 사이트 유형이 있을까요? 워드프레스로 제작하기 불가능한 사이트 영역은 없지만, 구축하기 쉽지 않은 사이트 유형은 있습니다. 앞서 언급한 것처럼 워드프레스는 블로그에서 출발했기 때문에 기존 홈페이지 양식을 완벽하게 재구축하기에는 어려움이 따를 수 있습니다. 워드프레스로 개발하기에 어려운 사이트 유형에 대해서 알아보겠습니다.

검색 조건이 복잡한 사이트 제작의 어려움

영화나 공연을 예매하려면 예매사이트에 접속한 후 영화제목, 장소, 시간대, 좌석 등을 체크한 후 결제해야 됩니다. 예매사이트에는 다양한 검색필드 값이 들어가게 됩니다. 물론, 워드프레스가 php 소스를 기반으로 개발할 수는 있지만, 검색 정보형 사이트에는 적합하지 않을 수 있습니다.

예매 사이트의 기본 틀은 다양한 검색 값과 연산이 포함되기 때문에 워드프레스의 기본 포맷과 페이지로 작성 되어 있는 것과는 다른 플랫폼이기 때문에 적합하지 않습니다. 코레일이나 항공사, 호텔검색 등의 사이트도 마찬가지입니다.

• CGV 홈페이지

• 코레일 홈페이지

커뮤니티 사이트 제작의 어려움

워드프레스 이용자 중 제로보드 같이 회원 등급(VIP회원, 우수회원, 일반회원 등)을 나누어서 사이트를 관리하기 원하는 사용자들이 많습니다. 하지만, 워드프레스는 해외에서 만든 CMS 프로그램이기 때문에 커뮤니티사이트에 적용하기가 쉽지 않습니다. 예를 들면 1등급부터 6등급까지 회원 등급을 구분한 후 사이트 내 A게시판은 3등급 이상이어야 글쓰기가 가능하고, 댓글은 2등급 이상만 가능하고, 게시글 목록 보기는 회원가입 해야만 가능하는

식으로 회원 등급별로 권한을 부여하기가 어렵습니다. 즉, 워드프레스는 등급이 구분된 커뮤니티 게시판에는 적용하기 어렵습니다. 단, 워드프레스에서 사용할 수 있는 플러그인인 bbpress(포럼 방식의 플러그인)를 이용하면 손님은 정해진 게시판에만 글쓰기를 할 수 있는 방명록형 게시판이나 페이스북 같은 소셜 네트워크를 활용한 그룹형 커뮤니티인 buddypress 등과 같은 유형의 커뮤니티는 만들 수 있습니다. 다음은 앞에서 소개한 소셜 LG사이트의 회원글쓰기 영역입니다.

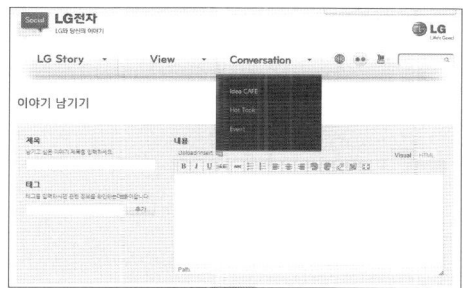

• 소셜 LG 회원 로그인후 글쓰기 화면

 다음 그림에서 보듯이 워드프레스는 게시글 자체를 회원들이 자유롭게 작성하는 한국형 커뮤니티(카페 게시판 서비스)보다는 홈페이지 관리자(administrator)가 홈페이지의 내용을 작성하고 게스트(손님)은 해당 게시물에 댓글을 쓰는 방식으로 되어있습니다.
 하지만 소셜 LG 사이트처럼 회원가입하거나 페이스북 ID를 연동시켜서 게스트가 특정 카테고리에 글을 작성할 수도 있게 만들 수 있습니다. 다만, 한번 사이트에 노출되면 게스트들이 모두 볼 수 있기 때문에 한 컷 필터링해서 사이트에 노출시킵니다. 이것은 게스트가 광고성 글이나 스팸성 글을 작성하면 기업이미지 실추 등의 문제가 있을 수 있으므로 관리자가 대시보드에서 승인 절차를 거치는 스팸 방지 기능이 적용되어 있습니다. 이러한 스팸 방지 기능 또한 워드프레스의 큰 장점입니다.

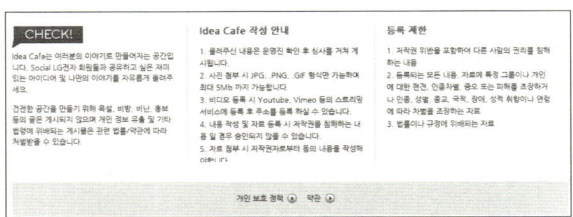

· 소셜 LG 사이트의 회원 글쓰기 정책

워드프레스로 쇼핑몰, 커뮤니티 사이트 구축도 가능한가요?

워드프레스로 만든 해외 사이트들 중에는 쇼핑몰관련 테마들과 플러그인들이 많이 공개되어 있습니다. 페이팔(Paypal) 같은 PG사로 연결이 되어 달러($)로는 결제되지만, 원화로 결제되기 어려운 단점이 있습니다. 그리고 워드프레스의 커뮤니티 서비스에는 BBPress, BuddyPresss 등이 있지만, 한국형 커뮤니티 구조와 방식자체가 다르기 때문에 한국형 쇼핑몰과 커뮤니티의 적용은 다소 어려움이 있습니다. 워드프레스를 이용하여 어느 정도의 쇼핑몰 사이트와 커뮤니티 사이트까지 제작할 수 있는지 알아보겠습니다.

워드프레스로 쇼핑몰 구축

현재(2012년 5월) 워드프레스로 제작된 대부분의 쇼핑몰 사이트들은 국내 대표적인 워드프레스 웹에이전시들이 구축 후 운영하고 있으며, 커뮤니티 기반의 국내 사이트도 점점 늘어나고 있는 추세입니다. 워드프레스로 쇼핑몰을 구축한 사례를 살펴보도록 하겠습니다. 다음 그림은 워드프레스로 구축된 CJ 셀렙샵 (http://m.celebshop.co.kr)입니다. 상품이미지와 가격, '바로구매', '장바구니', '쇼핑찜' 등 쇼핑몰에서 구매가 가능하게 되어 있을 뿐만 아니라 아래 그림과 같이 상품을 구매한 회원들의 상품평을 확인할 수 있습니다.

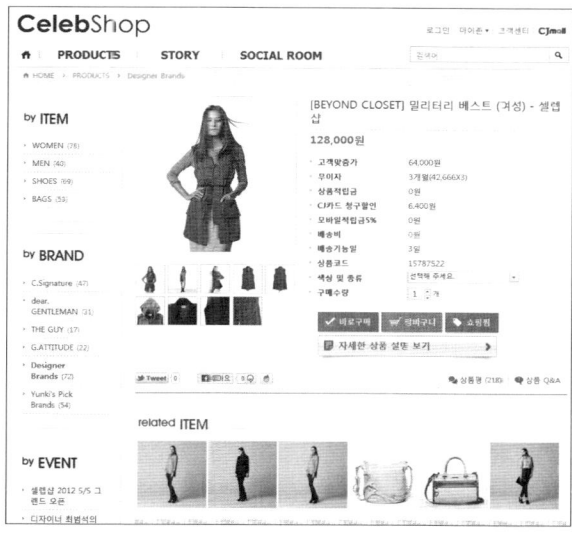

• CJ 셀렙샵 상품구매 페이지

또한 CJmall에서 운영하고 있는 스타일오산다(http://www.styleosanda.com) 홈페이지도 워드프레스로 만들었습니다. CJmall과 회원연동이 되게 되어 있으며, 셀렙샵과 마찬가지로 쇼핑몰 기능을 가지고 있습니다.

• CJ 셀렙샵의 상품평 페이지

워드프레스는 php 오픈소스로 되어 있기 때문에 php 언어를 활용해 쇼핑몰 구현이 가능합니다. 현재는 일부 업체와 개인 개발자만 사용하고 있지만, 조만간 국내에 워드프레스 저변이 확대되고 대중화 된다면 워드프레스로 쇼핑몰을 누구나 쉽게 구현할 수 있는 시기가 곧 다가올 것입니다.

• 스타일오산다 사이트 상품정보 페이지

커뮤니티 서비스 구축

필자가 운영하고 있는 자동차 커뮤니티 사이트인 차사랑 (www.chasarang.org)도 현재 워드프레스로 리뉴얼하기 위해 준비를 하고 있습니다. 게시판마다 회원등급별 권한이 주어지는 기능은 없지만, 커뮤니티 공간을 자유게시판으로 구축하였습니다. 다음 그림은 길호넷(http://kilho.net) 홈페이지의 자유게시판입니다. 그누보드로 사용하던 기존 게시판을 그대로 사용하기 위해 워드프레스 소스를 수정하여 사용하였습니다. 병원 등과 같이 고객과 상담이 많은 사이트는 자유게시판이나 방명록 등의 게시판들은 워드프레스로 생성하는 사례가 많습니다.

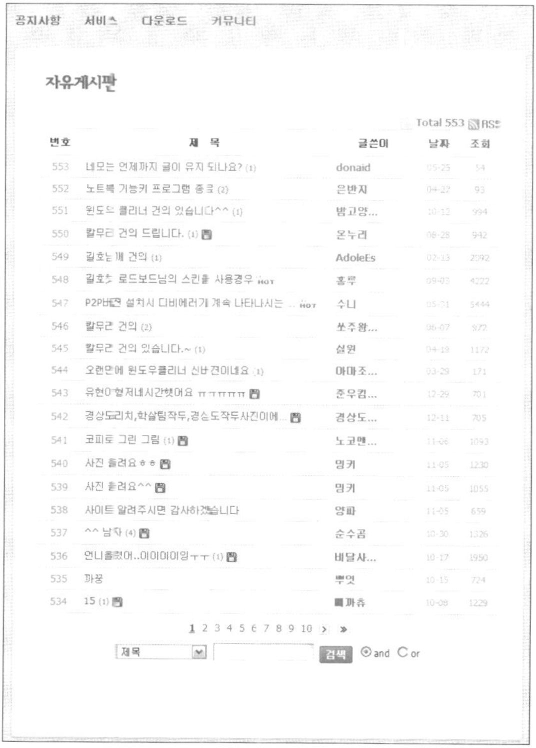

• 길호넷 자유게시판

**워드프레스로
홈페이지 · 블로그 만들기**

2장
워드프레스 시작하기

이 장에서는 워드프레스로 사이트를 제작하기 전에 무엇을 준비해야 되고, 어떤 절차로 진행되는지 프로세스를 이해한 후 도메인 구입, 호스팅 신청, 워드프레스 설치, 환경 설정 등에 대해서 알아보도록 하겠습니다.

1. 워드프레스 시작 전 준비사항
2. 도메인 등록과 웹호스팅 설정하기
3. 워드프레스 설치와 설정하기
4. 워드프레스 기본정보 설정하기
5. 테마 이해와 선택하기

01
워드프레스 시작 전 준비 사항

워드프레스를 이용하면 누구나 손쉽게 사이트를 구축할 수 있습니다. 워드프레스로 사이트를 제대로 구축하기 위해서는 단계별, 순차적으로 진행해야 합니다. 워드프레스를 이용하여 사이트를 개설하기 전에 준비해야 할 사항은 무엇인지에 대해서 알아보도록 하겠습니다.

웹브라우저 업데이트 필요성

워드프레스의 특징 중 한 가지는 버전이 자주 업데이트가 된다는 점입니다. 워드프레스는 구글, 페이스북, MS, 애플 등 글로벌 기업의 최신 트렌드를 항상 반영하기 때문에 항상 상생관계를 유지하고 있습니다. 따라서 웹브라우저도 항상 최신버전을 요구합니다. 우리나라 네티즌들이 가장 많이 사용하는 웹브라우저는 '익스플로러' 입니다. 현재 익스플로러는 10.0버전까지 나와 있으며, 워드프레스는 가장 최신버전 사용을 권장하고 있습니다. 만약 낮은 버전의 익스플로러를 사용하고 있다면 대시보드에 다음과 같은 경고 메시지를 나타냅니다.

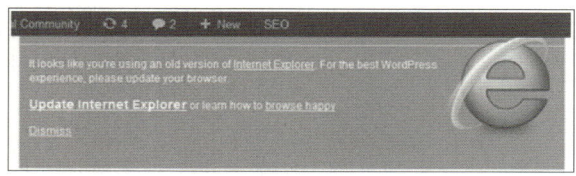

• 익스플로러 낮은 버전 사용 경고 메시지

위 그림은 익스플로러 8.0을 사용하고 있을 경우의 경고 화면입니다. 버전이 최신 버전보다 한 단계 낮은 8.0일 경우는 큰 문제가 없겠지만, 낮은 버전의 익스플로러(6.0, 또는 7.0)를 사용할 경우, 오류가 발생하면서 화면이 적절하게 나타나지 않을 수 있습니다.

다음 그래프는 2012년 1월 현재 전세계 5대 웹브라우저 점유율 추이를 나타낸 그래프입니다. 익스플로러는 서서히 감소 추세를 보이고 있는 반면, 구글크롬은 계속 증가 추세를 나타내고 있습니다.

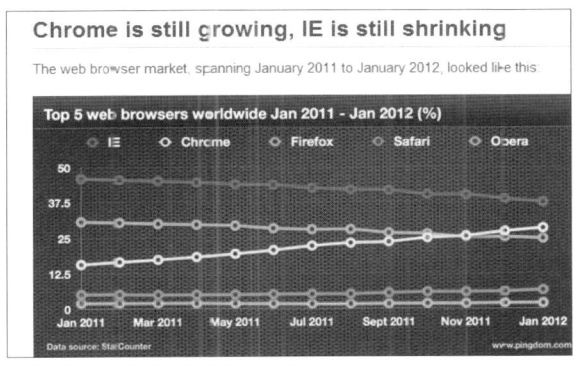

• 2012년 1월 전세계 웹브라우저 사용 현황

다음 그래프(http://royal.pingdom.com/2012/02/09/google-chrome-could-exceed-50-market-share-by-end-of-2012-study/)를 보면 구글크롬이 2012년 11월에 익스플로러를 앞서나갈 것을 예측하고 있습니다. 국내에서도 구글크롬 사용자가 꾸준히 늘어나고 있는 추세입니다. 구글크롬은 웹사이트 접속 속도, 자주 방문하는 페이지의 초기 화면 표시기능, 외국어 자동번역 기능, Gmail, 페이스북 이용 시 편리함을 갖추고 있습니다.

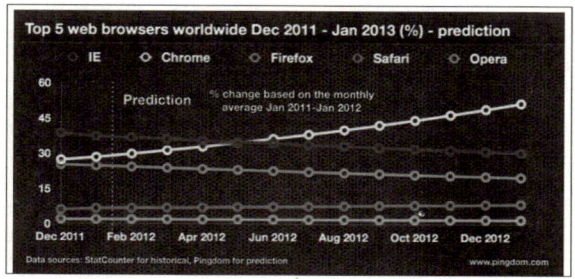

• 웹브라우저 이용율 추이

> **TIP**
> 몇몇 개발자들은 파이어폭스를 선호하거나 각자 개성과 작업환경에 따라서 선호하는 웹브라우저는 차이가 있기 때문에 주로 사용하는 웹브라우저는 자신이 직접 사용해보고 선택하는 것이 가장 바람직합니다. 특히 테마 구입 시 지원하는 웹브라우저 버전을 반드시 확인해야 합니다.

워드프레스 사이트 벤치마킹하기

사이트를 만드는 가장 손쉬운 방법은 만들고 싶은 사이트와 유사한 카테고리의 특정 사이트들을 벤치마킹하는 것입니다. 워드프레스에서도 사용자들에게 사이트 구축 전 기존에 워드프레스로 만들어진 다양한 카테고리의 사이트를 참고해 만들 것을 권장합니다. 특히, 벤치마킹 사이트가 해외 사이트이거나 워드프레스 테마 사이트일 경우에는 영문 폰트가 적용되어 있어 한글로 변경했을 때 제대로 구현이 될 것인지에 대해 신중하게 검토해야 합니다.

필자가 '신개념 웹강의'라는 컨셉으로 한 달에 한번 웹분야 초보강의를 위해 만든 Web6(www.web6.co.kr) 워드프레스 커뮤니케이션 사이트가 있습니다. 이 사이트는 한 달에 한번만 강의하는 이벤트 사이트와 유사하기 때문에 이벤트 관련 홈페이지를 벤치마킹하여 디자인하였습니다.

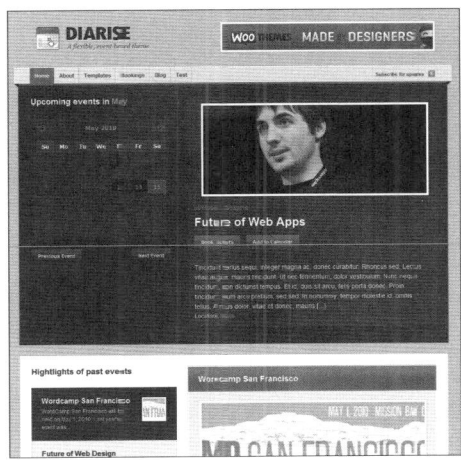

• Web6 사이트의 벤치마킹 사이트

위 그림과 같이 해외사이트를 벤치마킹한 후 국내 웹강의 사이트를 거의 유사하지 만들었습니다. Web6 사이트는 한 달에 한번만 강의하는 내용을 강조해야 되기 때문에 메인화면에서 강조하는 컨텐츠를 집중적으로 노출시키는 사이트를 벤치마킹하여 매우 유사하게 만들었습니다.

• Web6 사이트

이와같이 사전에 미리 벤치마킹하려는 사이트가 정해지면 사이트를 설계하고 기획하는데 있어 많은 도움이 됩니다. 따라서 워드프레스를 이용하여 사이트를 제작할 계획이라면 우선 벤치마킹할 사이트를 결정하는 것이 좋습니다. 이 책에서 소개하는 '국내외 워드프레스로 개발된 사이트'와 '커뮤니티 회원들이 만든 워드프레스 사이트' 등을 참고하거나 구글 검색을 통해 해외사이트를 많이 찾아보면 큰 도움이 될 것입니다.

사이트 기획 및 구성하기

일반적으로 웹사이트를 설계하고 기획하는 사람들을 웹기획자라고 합니다. 웹기획자는 전체 사이트를 디자인하고 개발하기 전에 사이트의 목적, 사이트 유저 분석, 시장조사, 사이트 설계 등을 총괄합니다. 그리고 다음과 같이 사이트 레이아웃을 설계하고 스토리보드를 만들어야 합니다.

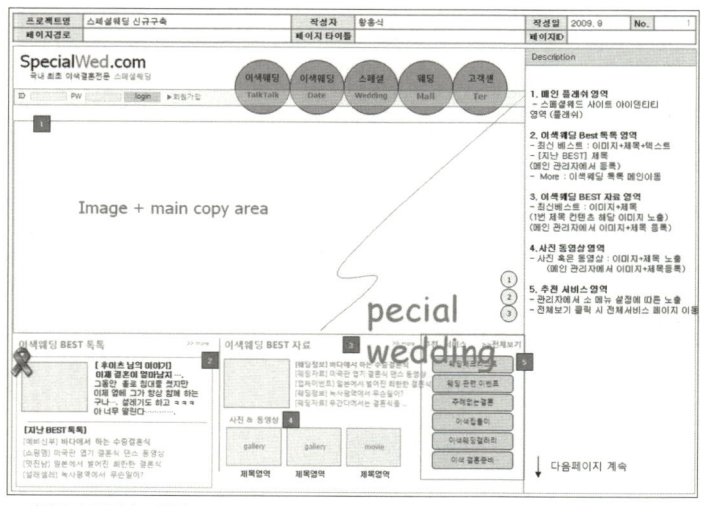

• 사이트 스토리보드 샘플

하지만 워드프레스를 이용하여 사이트를 만들 경우 사이트의 목적 및 특징에 매치되는 테마(theme)만 잘 설정하면 간편하게 스토리보드를 구상해 사이트를 만들 수 있습니다. 테마를 이용하여 사이트 구축하면 구축에 따른 비용과 제작 시간 등을 상당히 절감시킬 수 있습니다.

사이트의 컨셉과 정체성을 잘 살려 기획과 함께 잘 매치시킬 수 있는 테마를 선택한다면 그 어떤 사이트 제작 도구보다 손쉽게 사이트를 구축할 수 있을 것입니다. 그렇기 때문에 워드프레스를 이용하여 사이트를 구축할 때는 사이트의 명확한 컨셉을 선정하는 것이 중요합니다. 사이트의 컨셉이 명확해야 그에 매치되는 테마를 선정하기 수월하기 때문입니다.

다음 그림1은 Gadgetine 테마(http://goo.gl/DJhzl)이고, 그림2는 'Gadgetine 테마' 로 만든 필자의 아내가 운영하고 있는 한국이벤트학회(http://www.asec.or.kr) 홈페이지 입니다.

한국이벤트학회 홈페이지는 학회논문자료를 쉽게 다운 받을 수 있고 각종 학회소식과 정보를 열람할 수 있는 컨셉으로 계획하였고, 그 컨셉을 가장 잘 표현할 수 있는 테마를 themeforest 사이트(http://www.themeforest.net)에서 Magazine 테마 중 선택하여 손쉽게 구축하였습니다.

• 그림1 Bueno 테마

• 그림2 Bueno 테마 적용

사이트 메뉴 구조도 만들기

워드프레스를 이용하여 사이트 제작 시 중요한 사항 중 한 가지가 사이트의 메뉴입니다. 사이트의 카테고리(메뉴)는 미리 결정한 후 제작 과정에서 수정해도 무관하지만, 기획 단계에서 결정한 후 제작하는 것이 사이트 관리에 편리합니다. 즉, 컨셉에 맞는 주제를 결정한 후 메뉴에 들어갈 세부 메뉴 구조도를 작성합니다. 다음은 필자가 개인홈페이지 제작 시 엑셀로 만든 메뉴 구조도입니다. 메뉴 구조도를 작성할 때는 반드시 엑셀을 이용할 필요는 없지만, 단순한 텍스트 형태라도 메뉴 구조도를 정하고 사이트를 만들면 수월하게 작업할 수 있습니다.

■ 홍마리오 블로그 메뉴구조도

No.	1 Depth	2 Depth	3 Depth
1	Community	커뮤니티노하우	
		커뮤니티모임	
		커뮤니티특징	
2	SNS,Wordpress	소셜네트워크	
		워드프레스	
3	Music Video	팝송뮤비	
		째즈뮤비	
		기타뮤비	
4	Restaurant	서울맛집	
		지방맛집	
		기타맛집	
5	World travel	아시아	
		유럽	
		아프리카	

• 개인 블로그의 메뉴 구조도 설계

사이트 컨텐츠 만들기

컨텐츠는 홈페이지를 구성하는 가장 중요한 요소 중 한 가지입니다. 컨텐츠가 얼마나 가치 있고 독창적인가에 따라서 방문자수가 늘어나고 트래픽이 증가하게 됩니다.

사이트 컨텐츠는 일반 사이트의 경우 마이그레이션(게시판이나 DB 이전)을 통해서 쉽게 이전이 가능하지만, 네이버나 다음과 같은 포털사이트의 카페, 블로그 글을 이전하기가 어렵습니다.

포털사이트의 게시글을 옮기려면 일일이 복사해서 붙여넣기를 할 수 밖에 없습니다. 또한 이미지는 복사해도 깨지기 때문에, 별도로 저장한 후 삽입해야 되는 불편함이 있습니다. 따라서 포털의 글을 굳이 옮기려고 한다면, 중요한 컨텐츠만 옮기는 게 좋습니다.

그리고 워드프레스로 사이트를 이전한다면 홈페이지의 컨텐츠를 새롭게 업그레이드하며, 검색엔진최적화(SEO)에 맞추어 컨텐츠의 내용을 작성하는 것이 훨씬 더 효과적입니다. 검색엔진최적화에 대해서는 앞으로 자세히 설명하도록 하겠습니다.

워드프레스 사용 절차와 알아두어야 할 사항

워드프레스를 이용하여 홈페이지, 블로그, 쇼핑몰 등 사이트를 구축할 때는 다음과 같은 절차로 진행됩니다.

- 1단계 : 도메인 등록과 웹 호스팅 및 FTP 설정
- 2단계 : 워드프레스 설치
- 3단계 : 워드프레스 설치 후 옵션 설정
- 4단계 : 워드프레스 테마(Theme) 설치
- 5단계 : 워드프레스 플러그인(plug-in) 설치
- 6단계 : 워드프레스 사용자 정의 구조를 위한 소스 수정

설치형 워드프레스인 wordpress.org로 가입 시 반드시 호스팅 셋팅과 도메인 등록 등을 설정해야 합니다. 그렇기 때문에 가장 먼저 호스팅 셋팅과 도메인을 설정해야 합니다.

워드프레스 설치 완료 후 테마를 선택해야 합니다. 제작하려는 사이트의 컨셉에 맞는 테마를 선택하는 일도 쉽지만은 않습니다. 일단 테마의 수가 많으며, 또한 유료로 구입하거나 무료로 설치한 테마는 일정 기간 동안만 사용할 수 있는 테마들도 있기 때문에 신중히 선택해야 합니다.

대부분의 테마와 플러그인은 간단하게 설치하여 사이트를 구축할 수 있지만 테마와 플러그인 외의 다양한 기능을 추가하고자 할 때는 소스를 수정해야 가능한 경우도 있습니다. 만약 주위에 유능한 개발자가 있다면 소스 수정에 어려움은 없겠지만, 직접 소스 수정이 곤란하다면 필자가 운영중인 워드프레스 홈페이지 카페와 같은 워드프레스 커뮤니티 또는 검색 포털에서 '워드프레스' 키워드로 검색을 통해 도움을 받는 것이 좋습니다.

워드프레스에서 지원되는 대부분 서비스는 영어로 되어 있습니다. 대시보드는 한글메뉴로 전환이 가능하지만, 테마와 플러그인에 관련된 내용은 대부분 영어로 서비스됩니다. 하지만 차츰 한글화가 되고 있기 때문에 영어로 인한 어려움은 갈수록 나아질 것입니다.

워드프레스는 가끔 플러그인의 충돌이나 FTP설정 오류로 에러가 발생할 수 있습니다. 이 경우 FTP에서 해당 플러그인 폴더를 제거하는 등의 방법으로 해결할 수 있습니다.

02
도메인 등록과 웹호스팅 설정하기

워드프레스로 사이트를 만들기 위해서는 가장 먼저 도메인과 서버가 필요합니다. 도메인은 집 주소, 서버는 집에 비유할 수 있습니다. 즉, 사이트를 꾸미기 위해서는 '서버'라는 나만의 공간이 있어야 되고 사이트를 들어가기 위해서는 '도메인'이 필요합니다. 여기서는 도메인과 서버를 임대하여 사용하는 웹호스팅에 대해서 알아보겠습니다.

도메인 설정하기

도메인은 워드프레스 홈페이지의 접속을 위한 주소이고, 웹호스팅은 워드프레스 홈페이지를 저장하기 위한 저장 공간입니다. 도메인은 워드프레스 홈페이지에 접속하기 위한 주소로서 전화번호나 집 주소처럼 오랫동안 사용해야 하는 것으로서 신중하게 남들이 기억하기 쉬운 도메인으로 설정해야 합니다.

도메인 선택하기

도메인은 나의 홈페이지를 표현하기 쉽고, 기억하기 쉬운 단어를 선택하는 것이 유리합니다. 도메인은 하나의 단어로 표현하는 것이 가장 좋으며, 그 외 단어와 단어, 단어와 숫자를 조합하여 만들 수 있습니다. 다음은 좋은 도메인 이름의 사례입니다.

- 하나의 단어 : 예) apple.com
- 단어+단어의 조합 : 예) acebook, cyworld
- 단어+숫자의 조합 : 예) web6

하지만, 나의 홈페이지 성격을 잘 표현할 수 있는 하나의 단어로 된 도메인을 찾기는 쉽지 않기 때문에 단어와 단어의 조합, 단어와 숫자의 조합 등의 방법을 이용하는 것도 좋습니다. 또한 도메인을 선정할 때 혼동을 줄 수 있는 단어는 피하는 것이 좋습니다.

- ㄱ : K, G와 혼동되는 단어
- ㄹ : L, R과 혼동되는 단어
- ㅜ : oo, u와 혼동되는 단어
- ㅈ : J, Z와 혼동되는 단어

가령, 가리비의 경우는 발음대로 했을 때 다음과 같이 나올 수 있습니다. '가리비(garibi, karibee, garibee)', '고량주(goryangju, koryangzoo, koryangjoo)'도 마찬가지입니다.

위와 같이 발음이 혼동되는 도메인은 피해야 합니다. 가장 좋은 방법은 친구에게 전화했을 때 "나의 도메인이 ○○○.COM이야"라고 한다면, 그 친구가 키보드로 바로 접속 할 수 있는 쉬운 도메인이 가장 좋은 도메인입니다.

여기서는 워드프레스 관련 홈페이지를 만든다고 가정하고 도메인 명을 'Wordpress'의 약자인 'WP'와 'Cafe'의 두 단어를 조합하여 'wpcafe'로 정하겠습니다.

도메인 검색과 등록하기

도메인 이름을 정했으면 자신이 결정한 도메인이 등록이 가능한 도메인인지 확인합니다. 국내에 도메인 등록할 수 있는 대표 사이트는 다음과 같습니다.

- 카페24 : www.cafe24.com
- 호스팅KR : www.hosting.kr
- 닷네임코리아 : www.dotname.co.kr

업체마다 등록가능한 도메인의 종류와 가격차이가 있으며, 이벤트나 프로모션 기간에 따라 저렴하게 도메인을 등록할 수 있습니다. 도메인은 가능하면 웹호스팅 서비스를 받는 곳에서 구입하는 것이 유리합니다. 왜냐하면 도메인을 구입한 곳과 웹호스팅 서비스를 받는 곳이 다르면 네임서버를 변경해주어야 되기 때문입니다. 하지만 도메인을 구입한 곳과 웹호스팅 서비스를 받는 곳이 동일하면 네임서버가 자동으로 설정됩니다. 예를 들어 카페24에서 도메인을 구입하고 웹호스팅 서비스를 신청하면 별도의 네임서버 설정 작업을 하지 않아도 무관합니다.

'wpcafe' 라는 도메인을 카페24(www.cafe24.com)에서 등록해보겠습니다.

따라하기

01 카페24(www.cafe24.com) 사이트에 접속한 후 검색창에서 도메인을 검색하겠습니다. '도메인 검색' 창에서 검색할 도메인을 입력한 후 [검색] 버튼을 클릭합니다. 여기서는 'wpcafe' 도메인을 검색해보겠습니다.

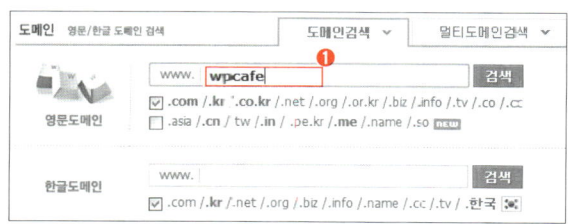

02 도메인 검색 결과 페이지에 '등록가능'과 '등록불가능' 두 가지 유형의 도메인이 검색됩니다. '등록불가능'이 표기된 도메인은 이미 다른 사람이 등록한 도메인이기 때문에 등록할 수 없으며, '등록가능'이라고 표기된 도메인만 등록할 수 있습니다. 'wpcafe.org' 도메인을 등록 해보겠습니다. 'wpcafe.org' 도메인의 등록 가능 체크 박스를 선택한 후 나머지 도메인의 등록 가능 체크 박스는 체크 상태를 해제한 후 [도메인 신청하기] 버튼을 클릭합니다.

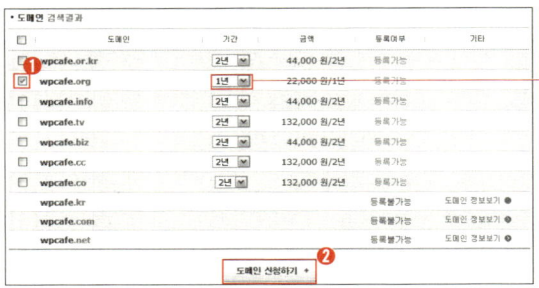

도메인 기간 선택 시 1년으로 결정합니다. 그 이유는 사이트 개발 초기에 컨셉이 변경될 수도 있어 새로운 도메인 이름을 설정할 수 있고, 또는 1년이 되기 전에 운영이 어려울 수도 있기 때문입니다. 따라서 1년으로 등록한 후 사이트가 안정적으로 운영되고 있다고 판단되었을 때 장기간 연장하는 것이 좋습니다.

03 로그인 후 '도메인 신청' 페이지에서 기간 설정과 도메인 소유자 정보를 입력하고 결제하면 도메인 등록이 완료됩니다. 이 때 도메인과 소유자 정도 등이 정확한지 확인해야 합니다.

> **TIP**
>
> 웹 호스팅 업체와 도메인 업체가 동일한 경우 도메인과 웹 호스팅이 자동 연결되기 때문에 별도로 연결할 필요가 없지만, 웹 호스팅 업체와 도메인 업체가 다른 경우 도메인과 웹 호스팅을 연결해야 합니다. 즉 웹 호스팅 업체의 DNS 서버의 IP 주소를 도메인에 연결합니다. 예를 들어 카페24에서 도메인을 구입하고 카페24의 웹 호스팅 서비스를 이용하는 경우 도메인과 웹 호스팅을 연결할 필요가 없습니다.

웹호스팅 신청하기

자신의 컴퓨터에 저장된 데이터를 웹에 저장시키기 위해서는 서버가 필요합니다. 서버를 직접 구축하는 비용은 그 규모에 따라 수백만 원~수천만 원이 소요되기 때문에 개인이 구축하기에는 큰 부담이 될 수 있습니다. 이런 경우 서버의 일정 공간을 임대로 사용하는, 즉 임대형 방식인 웹호스팅 서비스를 이용합니다. 웹호스팅은 호스팅 서비스 내용에 따라 몇 백 원부터 몇 만원(월 사용료)으로 부담없이 이용할 수 있습니다. 또한 서버 운영 및 관리에 대한 전문적 지식이 없는 개인은 서버를 유지관리가 쉽지 않기 때문에 웹호스팅 서비스를 선호합니다. 웹호스팅은 서버를 일정기간 동안 일정한 저장 공간을 빌려주는 것으로 여러분이 홈페이지를 운영하기 위해서는 반드시 웹호스팅 업체에서 제공하는 웹호스팅 서비스에 가입해야만 합니다. 웹호스팅은 무료호스팅도 있지만, 대부분 홈페이지를 운영하기엔 용량도 적고 서비스가 제한적이라 유료서비스를 이용할 것을 권장합니다. 국내에 대표적인 웹호스팅 업체는 다음과 같습니다. 여기서는 웹호스팅업체 중 이용율이 가장 높은 카페24의 웹호스팅을 적용하도록 하겠습니다. 또한 카페24에서 호스팅 신청하면 워드프레스를 자동으로 설치할 수도 있습니다.

- 카페24 : www.cafe24.com
- 고도호스팅 : www.godohosting.com
- 닷홈 : www.dothome.co.kr
- 가비아 : www.gabia.com

알/아/두/기

▶ **웹호스팅 3개월 무료 이용권 사용 방법**

도서의 부록으로 제공되는 '웹호스팅 3개월 무료 이용권'으로 카페24 '64bit광호스팅 FullSSD' 서비스를 3개월 동안 무료로 이용할 수 있습니다. 3개월 후 유료로 전환하거나 서비스를 중지할 수 있습니다.

따라하기

01 카페24(www.cafe24.com)에서 회원가입 후 로그인합니다. 카페24의 웹호스팅 서비스 중 자신에게 맞는 호스팅 서비스를 선택합니다. 여기서는 '64bit광호스팅 FullSSD'를 선택하겠습니다. '64bit광호스팅 FullSSD'은 카페24 웹호스팅 서비스 중 가장 저렴한 서비스입니다. 기존 사이트를 운영하고 있는 경우나 사이트 트래픽이 큰 경우 또는 좀 더 용량이 더 큰 경우는 다른 서비스를 선택해야 합니다.

- cafe24 웹호스팅 서비스 선택

02 웹호스팅 서비스 상세페이지에서 서비스를 신청합니다. 자신에게 맞는 용량과 트래픽 서비스를 고려하여 선택합니다. 초반에는 홈페이지의 데이터가 많지 않기 때문에 가장 저렴한 '절약형' 서비스를 선택하겠습니다. '절약형' 서비스의 [신청하기]를 클릭합니다.

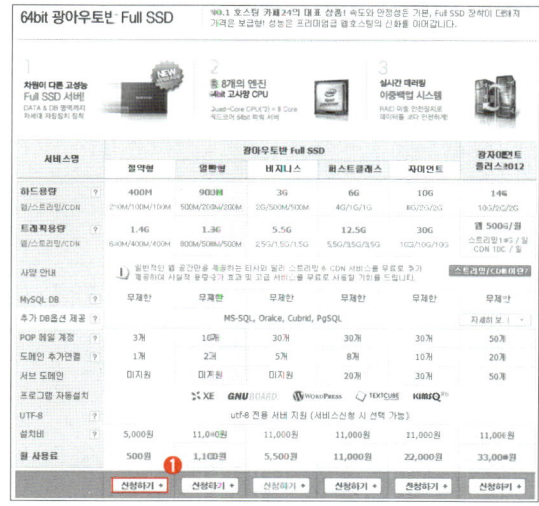

03 회원 아이디, FTP 비밀번호 설정 등 관리자 정보를 입력합니다. 특히 FTP 비밀번호는 FTP 접속 시 필요한 비밀번호이기 때문에 반드시 기억해야 하며, 영문+숫자로 설정하시면 됩니다. 아이디와 비밀번호를 동일하게 설정하면 보안에 취약하기 때문에 다르게 입력하는 것이 좋습니다. 약관 동의 체크 박스를 선택한 후 [다음] 버튼을 클릭합니다.

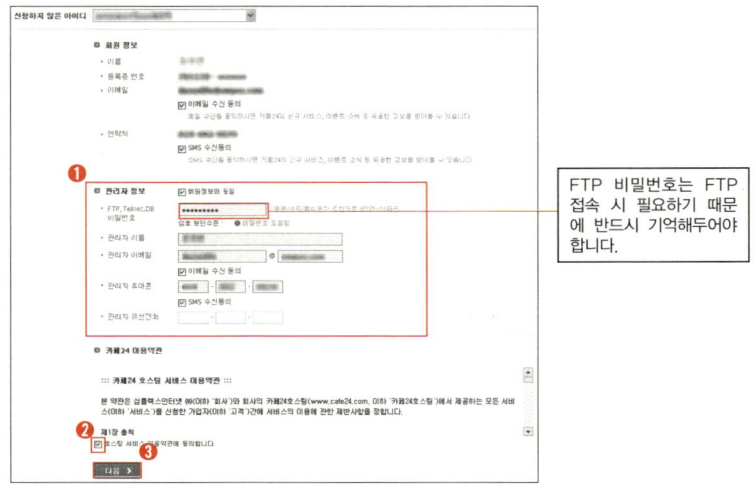

04 신청기간을 설정합니다. 입력완료 다음단계로 넘어가면 아래 그림과 같이 최상단에 신청기간이 나옵니다. 일반적으로는 도메인기간과 같은 1년으로 설정합니다.

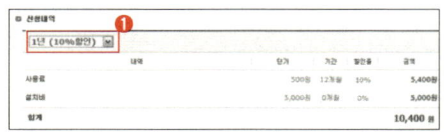

05 서버 환경을 설정합니다. '서버환경설정'은 반드시 화면 가장 아래의 'PHP5 / MySQL 5.x UTF-8' 라디오 버튼을 선택해야 합니다. 게시판 스팸필터는 '사용' 라디오 버튼을 클릭합니다.

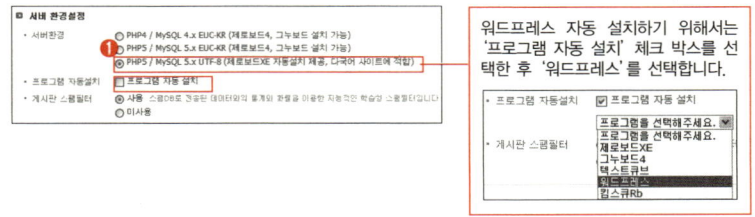

알/아/두/기

▶ MySQL, PHP, utf-8이 지원되는 웹 호스팅을 선택해야 되는 이유

- **MySQL** : MySQL 데이터베이스는 웹 호스팅 신청 시 대부분 자동으로 만들어 주지만 웹 호스팅 업체에 따라 별도로 만들어야 할 때도 있고, 호스팅 서비스에 따라 여러 개를 만들 수도 있기 때문입니다.
- **PHP** : 설치형 워드프레스 테마 파일을 구성하는 언어입니다. 검색 포털 사이트의 블로그가 HTML과 CSS로 구성되어 있는데 비해 워드프레스는 PHP 코드로 구성되어 있는 것이 특징입니다.
- **utf-8** : 웹에서 한글을 인식할 수 있도록 인코딩을 세팅할 때 한글 오류 문제가 발생할 수 있기 때문에 'EUC-KR' 보다는 'UTF-8'로 신청하는 것이 좋습니다.

06 도메인을 선택합니다. 도메인 선택시 미리 정해둔 도메인을 그대로 입력합니다. 카페24에서 도메인을 구매한 경우 '카페24에서 구매한 도메인' 라디오 버튼을 클릭하며 별도로 입력할 필요 없이 바로 등록할 수 있습니다.

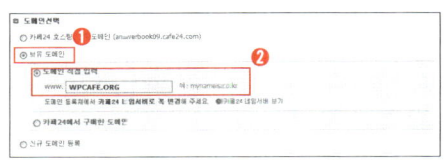

07 [결제하기] 버튼을 클릭한 후 웹호스팅 비용을 결제하면 웹호스팅 설정이 완료됩니다.

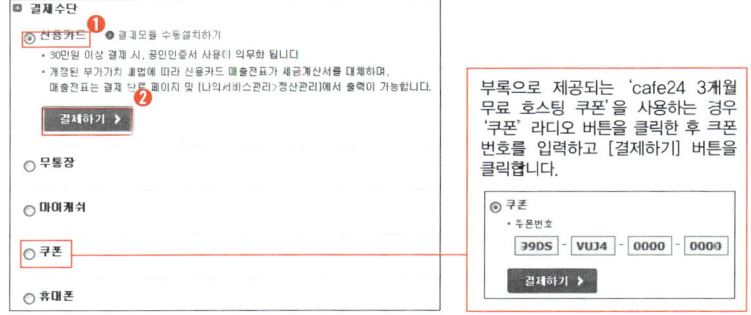

08 웹호스팅 서비스 신청이 완료되었습니다.

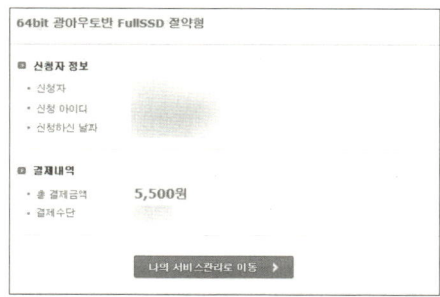

FTP 설정하기

웹 호스팅 서비스 신청이 완료되면 나만의 웹 서버 공간이 만들어집니다. 웹 서버에 워드프레스 플랫폼 파일, 운영자가 작업한 파일 또는 폴더 등을 올리기 위해서는 FTP 설정이 필요합니다. 대부분의 FTP 프로그램은 무료로 제공되며, 대표적인 무료 FTP 프로그램으로 알FTP, 파일질라(Filezilla) 등이 있습니다. 검색포털에서 자신에 맞는 FTP 프로그램을 검색한 후 다운로드합니다. 여기서는 파일질라 FTP 프로그램을 다운로드 받은 후 설치하고 나의 웹서버에 접속해 보도록 하겠습니다. FTP로 웹서버에 접속하기 위해서는 호스트(도메인), 사용자명(호스팅 신청 시 작성한 ID), 비밀번호(호스팅 신청 시 작성한 비밀번호) 등이 필요합니다. 여기서는 호스트명은 'festivalowl.com', 사용자명은 'festivalowl'을 사용하여 웹 서버에 접속하겠습니다.

> **따라하기**

01 검색포털에서 '파일질라' 검색어를 입력하여 검색한 후 [다운로드] 버튼을 클릭하여 '파일질라' 프로그램을 다운로드 합니다. '파일질라' 설치 프로그램을 더블클릭하여 안내에 따라서 설치합니다.

• 검색포털에서 '파일질라' 검색   • '파일질라' 설치 프로그램 다운로드

02 파일질라 프로그램 설치가 완료되면 바탕화면에 생성된 파일질라 실행 아이콘()을 더블클릭합니다. 파일질라 FTP에서 호스트(호스트에 워드프레스가 연결할 개인도메인 주소), 사용자명(웹 호스팅에 가입할 때 생성한 FTP 사용자 아이디), 비밀번호를 입력한 후 [빠른 연결] 버튼을 클릭합니다. 포트는 기본 21포트로 별도로 입력하지 않아도 됩니다. 일반적으로 FTP아이디는 웹호스팅 가입 아이디와 별도로 주어집니다. 단, 카페24의 경우처럼 회원가입 아이디와 동일하게 적용하는 곳도 있습니다. 정상적으로 접속되면 비어있던 오른쪽 창에 FTP 서버(ⓐ)로 연결되어 서버의 내용이 보입니다. 즉, 로컬사이트 영역(ⓐ)은 내컴퓨터의 폴더 상태이고, 리모트 사이트 영

역(®)은 웹서버의 영역입니다. 이제 워드프레스 프로그램을 내컴퓨터로 다운로드 받은 후 웹서버에 업로드해야 합니다.

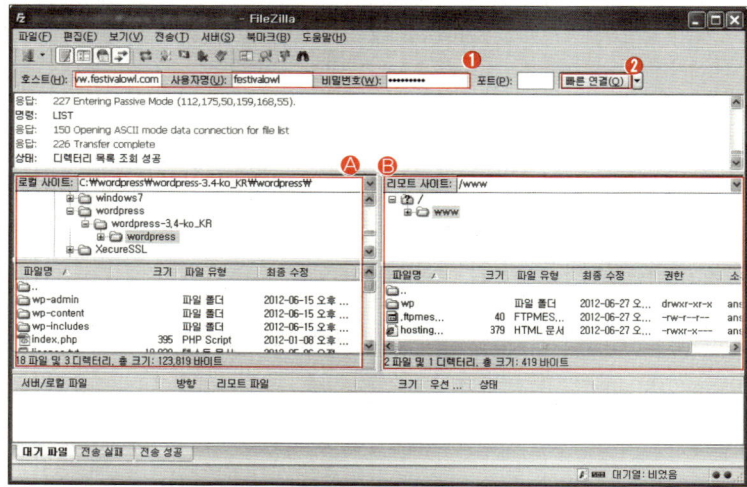

TIP

워드프레스 파일은 반드시 FTP 오른쪽 창(④), 즉 서버의 루트 디렉터리(/) 또는 'www' 폴더 내 절대경로에 업로드 해야 합니다. 이 때 주의할 점은 폴더 이름을 임의로 변경해서는 안 된다는 점입니다. 이 경우 public으로 명명된 폴더나 루트 디렉터리에 워드프레스 파일을 올리면 됩니다.

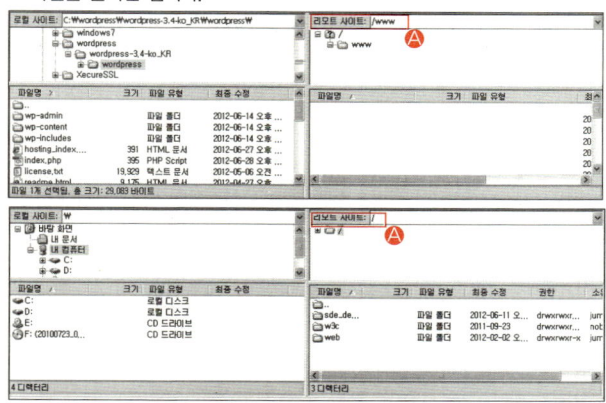

03
워드프레스 설치와 설정하기

워드프레스 설치를 위한 준비 작업이 완성되었습니다. 워드프레스 설치 파일을 다운로드 받은 후 FTP 프로그램을 이용하여 웹서버에 업로드해야 합니다.

이제 워드프레스 프로그램을 설치해야 합니다. 워드프레스 프로그램을 설치 방법은 '워드프레스 사이트에서 설치파일을 다운로드 받아 설치하기' 와 '웹호스팅업체에서 제공되는 자동설치 방법' 등 2가지가 있습니다. 필자는 첫 번째 방법인 워드프레스 설치파일을 이용하여 설치하는 방법을 권장해드립니다.

방법1. 워드프레스 설치파일 이용하기

워드프레스 사이트에서 워드프레스 설치파일을 다운로드 받은 후 FTP 프로그램을 이용하여 업로드하여 워드프레스를 설치하는 방법입니다. 필자는 이 방법을 권장합니다.

방법2. 워드프레스 자동설치하기

웹호스팅 업체에서 제공하는 자동설치 방법을 이용하면 손쉽게 워드프레스 자동으로 설치할 수 있습니다. 하지만 사이트 디폴트 경로에 '/WP' 폴더(Ⓐ)가 자동으로 만들어진다는 단점과 프로그램 오류 등으로 워드프레스를 재설치하는 경우 자동으로 만들어지는 데이터베이스의 테이블 등도 일일이 삭제해야 된다는 단점이 있습니다. 다음 그림1은 카페24 웹호스팅 서비스에서 제공되는 자동설치 방법을 이용한 워드프레스가 설치된 폴더 구조이고, 그림2는 워드프레스 설치파일을 다운로드 받은 후 사용자가 직접 설치한 워드프레스 폴더 구조입니다.

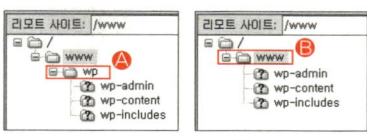

• 그림1   • 그림2

워드프레스 설치하기

워드프레스 설치파일을 다운로드 받아보겠습니다. 워드프레스 설치파일은 최신 버전으로 다운로드합니다.

따라하기

01 워드프레스 한글 다운로드 사이트(http://ko.wordpress.org)에 접속한 후 [워드프레스 버전 정보 다운로드] 버튼을 클릭하여 워드프레스 한국어 버전을 다운로드 받습니다. 한글 버전 중 최신버전(3.5.1(2013년. 6월 기준))이 등록되기 때문에 실제로는 이보다 더 높은 버전일 수 있습니다.

TIP

워드프레스는 업데이트되면 영문버전이 가장 먼저 업데이트됩니다. 현재(2013.06) 영문 최신버전은 3.5.1 버전이 사용되고 있으며, 한글 최신버전도 3.5.1입니다. 만약 영문버전을 최초로 다운로드 받아서 한글버전으로 변경하고 싶으면 FTP에 접속해서 'wp-content' – 'languages' 폴더 내 파일과 'wp-config.php' 소스를 변경해야 합니다. 자세한 내용은 워드프레스 카페의 'WP뽀개기1' 게시판 (http://cafe.naver.com/wphome/2001)에서 'JonJon'님의 글을 참고하기 바랍니다.

02 '이 파일을 저장하겠습니까?' 창에서 [저장] 버튼을 클릭한 후 'wordpress-3.x.x-ko.KR.zip' 파일을 저장한 후 압축을 풉니다.

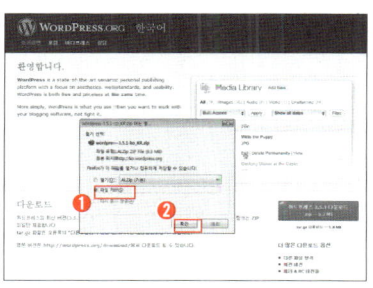
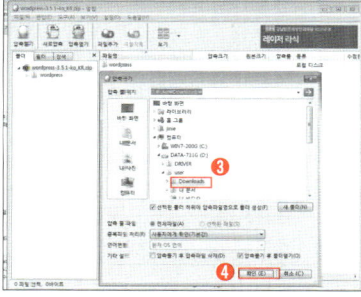

03 윈도우 탐색기에서 'wordpress-3.x.x-ko_KR' - 'wordpress' 폴더를 각각 클릭하면 'wp-admin', 'wp-content', 'wp-includes' 3개의 폴더와 약 20여개의 파일들이 보입니다.

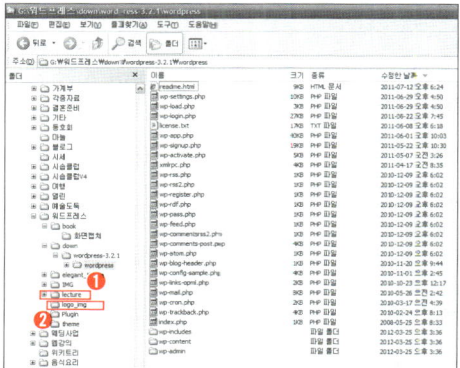

04 윈도우 검색 창에서 워드프레스를 설치한 'wordpress' 폴더의 파일 목록 중 'wp-config-sample.php' 파일을 마우스 우측 버튼으로 클릭한 후 '연결 프로그램' 메뉴를 클릭하고 'Notepad'를 선택합니다.

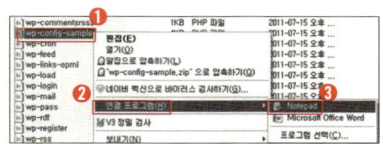

05 wp-config 설정하기 위해 'wp-config-sample.php' 파일의 소스를 확인한 후 다음과 같이 수정합니다. 'DB_NAME'에는 호스팅에서 설정한 DB명(호스팅 신청 ID)을 입력하고, 'DB_USER'에는 호스팅에서 신청한 DB유저명(호스팅 신청 ID)을 입력하며, 'DB_PASSWORD'에는 호스팅 신청 시 입력한 DB비밀번호(호스팅 신청 시 입력한 비밀번호)를 입력합니다. 예를 들어 카페24 호스팅 신청 페이지에서 아이디를 'answerbook', 비밀번호를 'answer00'이라고 입력했다면 DB_NAME, DB_USER, DB_PASSWORD는 다음과 같습니다.

- DB_NAME : answerbook(호스팅 신청 ID)
- DB_USER : answerbook(호스팅 신청 ID)
- DB_PASSWORD: answer00((호스팅 신청 시 입력한 비밀번호)

또한 'DB_CHARSET'이 utf8(❹)인지 확인합니다. 소스 수정이 완료되면 '파일 – 다른 이름으로 저장' 메뉴를 선택한 후 'wp-config.php' 파일 이름으로 변경 저장합니다.

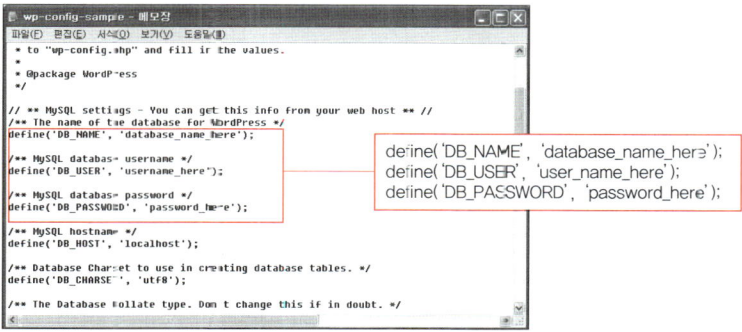

• 수정 전 원본 소스

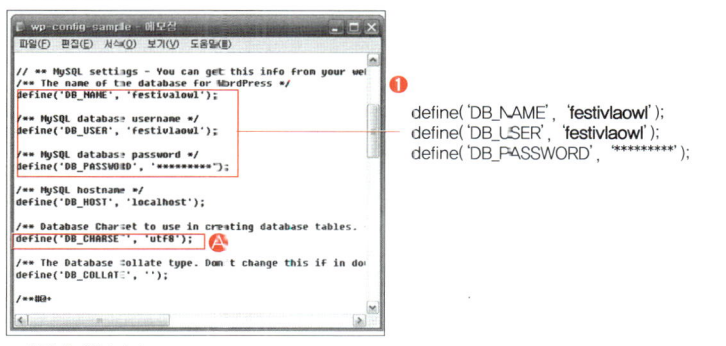

• 수정 후 원본 소스

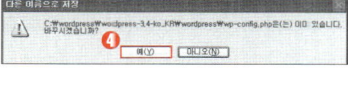

06 FTP서버에 파일을 업로드하기 위해 filezilla(파일질라) FTP 프로그램을 실행한 후 연결합니다. 앞에서 저장한 경로를 찾은 후 'wordpress' 폴더를 클릭하여 하위폴더의 내용이 왼쪽 하단에 보이도록 합니다. Ctrl + A 키를 누르거나 'wordpress' 하위 폴더의 모든 파일을 선택한 후 우측 빈 공간으로 드래그하여 모든 폴더와 파일들을 웹서버로 복사합니다.

07 워드프레스 폴더 및 파일 전송이 완료되면 FTP 설정이 완료됩니다.

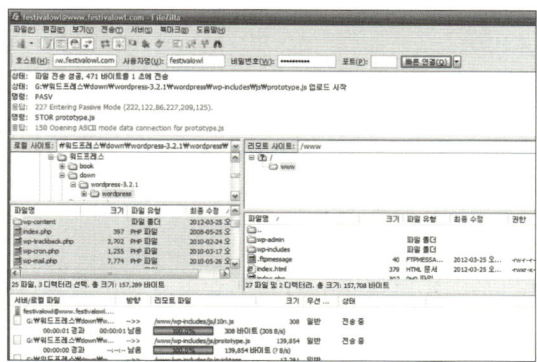

> **TIP**
>
> **워드프레스로 영문과 한글 홈페이지 만들기**
>
> 워드프레스로 홈페이지를 만드는 분들 중 무역업이나 해외 쇼핑몰 및 해외 홈페이지를 만드는 사례가 늘어나고 있습니다. 이 처럼 한글·영문 홈페이지와 같이 다중언어로 워드프레스를 설치하는 경우 하위 폴더를 만들어 설치하면됩니다. 예를 들어 영문 홈페이지는 ❶번과 같이, 한글 홈페이지는 ❷번과 같이 폴더를 하나 더 만든 후 그 하위에 워드프레스 압축을 해제한 후 설치합니다.
>
> ❶ http://www.wordpress.com/
> ❷ http://www.wordpress.com/kor/

카페24 호스팅센터에서 워드프레스 자동설치하기

카페24의 웹호스팅센터에서 워드프레스를 비롯하여 제로보드, 그누보드 등을 자동으로 설치할 수 있습니다. 워드프레스 자동설치를 위해서는 카페24에서 웹호스팅 서비스를 이용해야 합니다.

알/아/두/기

▶ **카페24 워드프레스 자동설치 시 주의할 점**

카페24 워드프레스 자동설치 시 프로그램의 설치 경로는 'www/wp'이기 때문에 설치 후 접속 URL은 'http://www.wpcafe.org'가 아닌 'http://www.wpcafe.org/wp'가 됩니다. 즉, 카페24의 워드프레스 프로그램 자동설치 완료 후 설치 경로, 접속 URL은 다음과 같습니다.

- 설치 경로 : www/wp
- 설치 후 접속 URL
    ▶ 사용자 : http://wpcafe.org/wp/
    ▶ 관리자 : http://wpcafe.org/wp/wp-admir

따라하기

01 카페24 웹 호스팅센터(cafe24.com)에 로그인 후 [나의서비스관리] 버튼을 클릭합니다. '내가 신청한 아이디 목록'에서 워드프레스를 설치할 아이디를 선택한 후 [부가서비스관리]-[프

로그램자동설치] 메뉴를 선택합니다. '프로그램 자동설치' 페이지에서 설치할 프로그램중 '워드프레스' 라디오버튼을 클릭한 후 [설치하기] 버튼을 클릭하면 워드프레스가 자동으로 신청 및 설치됩니다.

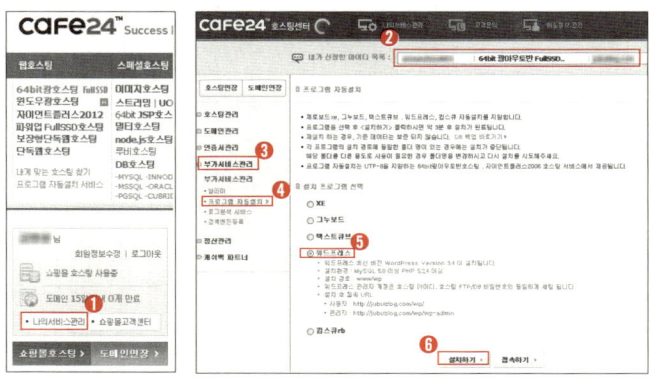

02 워드프레스 자동설치는 약 3~5분 정도 소요되지만 호스팅 신청 완료 후 셋팅이 완료되기까지 약 1시간 정도가 소요됩니다. 신청한 도메인으로 웹브라우저에서 접속 상태를 확인합니다. 단, 신청한 도메인 뒤에 워드프레스의 디폴트 URL인 '/wp'를 붙여야 됩니다. 예를 들어 도메인명이 'http://www.festivalowl.com' 이라면 그림과 같이 'http://www.festivalowl.com/wp' 라고 입력해야 합니다. 즉, 'http://www.festivalowl.com' 으로 접속하면 호스팅 기본 화면이나 페이지를 찾을 수 없다는 메시지가 나타납니다. 'http://www.festivalowl.com/wp' 로 접속하면 워드프레스 첫 화면이 나타납니다.

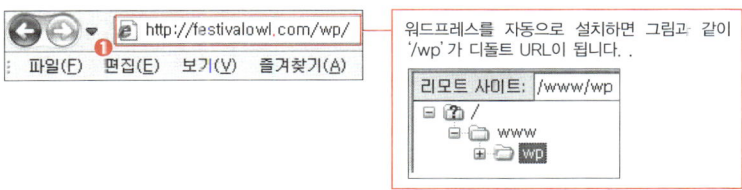

• 워드프레스 사용자 메인화면

03 메인화면에서 '로그인'을 클릭합니다.

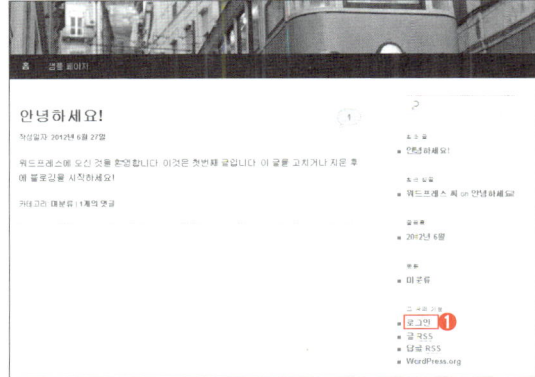

04 워드프레스 로그인 페이지에서 사용자명(ID)와 비밀번호를 입력한 후 [로그인] 버튼을 클릭합니다.

05 워드프레스 관리자 페이지인 데시보드(알림판)에 접속됩니다.

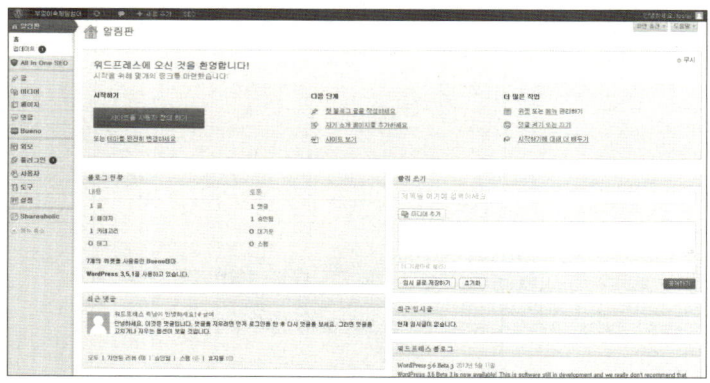

TIP

재설치하기

워드프레스 설치 과정에서 알 수 없는 오류가 발생할 경우 다시 설치할 수 있습니다. 다음은 카페24 자동설치 후 재설치 과정입니다.

따라하기

❶ 자동설치 후 재설치하기 위해서는 자동으로 만들어진 데이터베이스의 테이블을 삭제해야 합니다. 테이블을 삭제하기 위해 카페24 호스팅센터(hosting.cafe24.com)의 '나의서비스

'관리' 페이지에서 '서비스 접속관리 - MySQL 웹어드민' 메뉴를 선택한 후 [접속하기] 버튼을 클릭합니다.

❷ 'WebMysql' 팝업창이 나타나면 로그인에 사용자명(아이디)와 암호(DB비밀번호)를 입력한 후 [실행] 버튼을 클릭합니다.

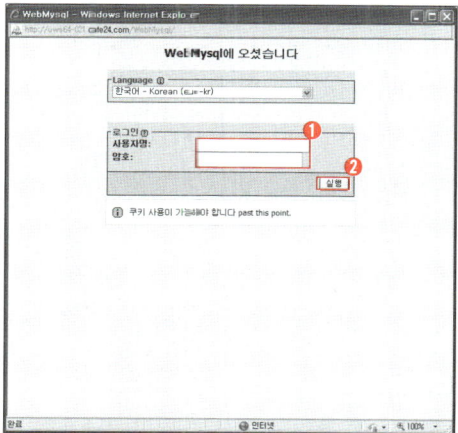

Chapter 02_ 워드프레스 시작하기 **89**

❸ 'phpMyAdmin' 팝업창에서 자신의 데이터베이스 아이디를 선택합니다.

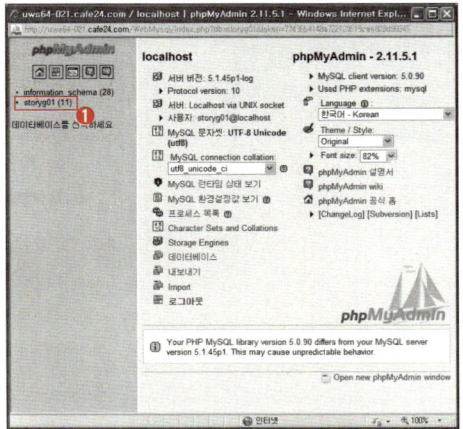

❹ 데이터베이스에 자동설치된 테이블 목록이 표시되면 '모두 체크'를 선택하고 드롭버튼을 클릭한 후 '삭제' 메뉴를 선택합니다.

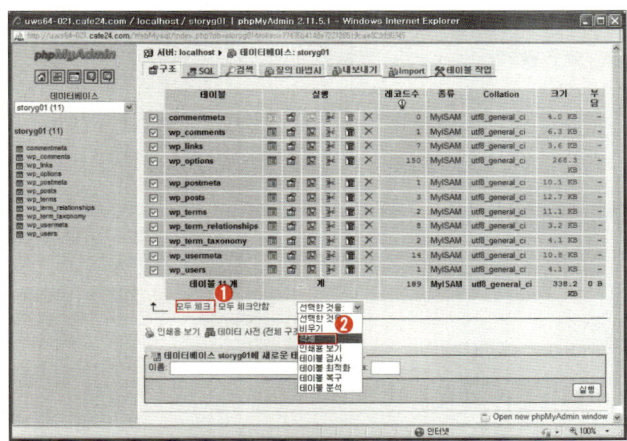

❺ '정말로 다음을 실행하시겠습니까?' 메시지에서 [예] 버튼을 클릭하면 모든 테이블이 삭제됩니다.

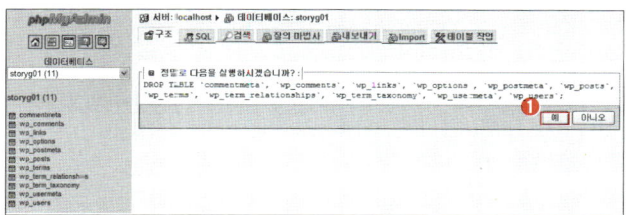

❻ 카페24(cafe24.com)에 접속한 후 '나의서비스관리'를 클릭합니다. '부가서비스관리 – 프로그램 자동설치' 메뉴를 선택한 후 설치 프로그램 선택에서 '워드프레스' 라디오 버튼을 클릭한 후 [설치하기] 버튼을 클릭합니다. 설치 완료까지는 약 3~5분 정도 소요됩니다.

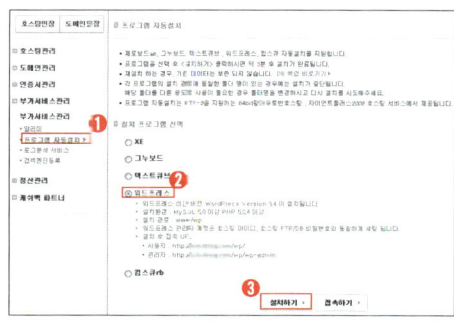

Chapter 02_ 워드프레스 시작하기 **91**

04
워드프레스 기본 정보 설정하기

도메인 설정, 웹호스팅 설정, 워드프레스 파일 설치 및 FTP 전송을 완료했다면 본격적으로 워드프레스를 시작할 모든 준비가 완성되었습니다. 이제 사이트에 접속한 후 기본 설정을 진행하겠습니다.

따라하기

01 웹브라우저에서 자신의 도메인을 입력하면 그림과 같은 워드프레스 기본설정 화면(그림1)이 나타납니다. 입력항목에 사이트 제목, 사용자명, 비밀번호, 이메일 주소를 순서대로 작성합니다. 여기서 주의할 사항은 사용자명과 비밀번호는 앞으로 여러분이 워드프레스 사이트 접속할 때 마다 사용해야 하는 고유의 아이디가 되므로 반드시 기억하기 쉽고 자주 사용하는 아이디와 비밀번호로 설정하는 것이 좋습니다. 그리고 이메일 주소도 댓글이 달리면 바로 알려주는 기능을 하기 때문에 자주 사용하는 이메일로 설정하는 것이 좋습니다. 모든 입력이 끝나면 [워드프레스 설치하기] 버튼을 누릅니다.

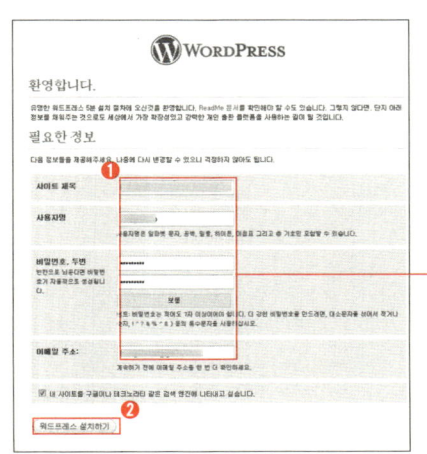

사용자명(아이디)은 'admin'이 기본값으로 설정되어 있습니다. 다른 이름으로 변경하는 것이 좋습니다. 해커가 'admin'으로 접속을 시도하여 해킹할 가능성이 있기 때문입니다.

02 워드프레스 설치가 성공적으로 완료되었습니다. [로그인] 버튼을 클릭한 후 사용자명(아이디)와 암호를 입력한 후 로그인합니다.

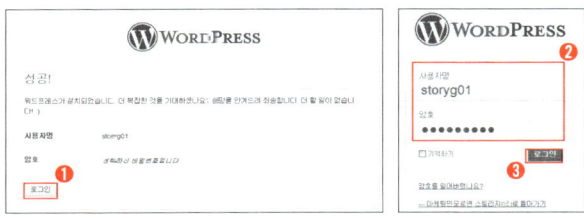

03 워드프레스 설치 완료 후 로그인하면 대시보드(알림판) 페이지 (http://자신의 도메인주소/wp-admin)가 나타납니다. 대시보드 위에 있는 사이트 제목을 클릭하면 해당 사이트로 넘어가게 됩니다.

04 워드프레스는 기본 테마가 'Twenty Eleven' 테마로 설정되며, '안녕하세요!' 라는 인사말이 기본적으로 적혀 있습니다. 테마 설정과 플러그인 설정 등은 대시보드(알림판)에서 작업할 수 있으며, 자세한 내용은 'Chapter 03'에서 설명하겠습니다.

> **TIP**
>
> **웹호스팅 서비스 이용 시 주의할 사항**
>
> 워드프레스 설치 시 이용하는 웹호스팅 서비스 중 충분히 검증되지 않은 무료 호스팅 서비스의 무료 호스팅 계정으로 설치하는 경우 간혹 에러가 발생할 수가 있습니다. 테스트가 아닌 실제로 홈페이지를 운영할 계획이라면 카페24 웹호스팅 서비스와 같은 유료 호스팅 서비스로 설치하는 것이 좋습니다.

05
테마 이해와 선택하기

워드프레스의 가장 큰 장점 중 한 가지는 수많은 테마가 제공된다는 점입니다. 워드프레스 테마는 배경 이미지, 메뉴바, 헤더 이미지 등을 자유롭게 변경할 수 있고, 워드프레스 초보자들도 기본 테마만으로도 다양한 스타일의 사이트를 꾸밀 수 있습니다.

테마 이해하기

워드프레스의 테마들은 초기 블로그 위주의 테마에서 벗어나 화려한 디자인의 다양한 스타일의 테마들이 봇물처럼 쏟아지면서 전세계의 수많은 워드프레스 마니아들의 선택의 폭이 점점 커지고 있으며, 테마별 경쟁도 더욱 치열해지고 있습니다. 워드프리스를 설치하면 자동으로 설정되는 테마를 '기본 테마' 라고 합니다. 워드프레스의 기본 테마는 로고&헤드영역, 메인 비주얼 영역, 메뉴영역, 컨텐츠 영역, 하단영역으로 구성되어 있으며, 테마 설정에서 이 모든 것들을 자유롭게 설정하고 변경할 수 있습니다.

유료 테마와 무료 테마 비교

워드프레스로 사이트를 만드는데 있어서 가장 많은 시간을 투자해야하는 부분이 워드프레스 테마를 선택하는 것입니다. 워드프레스 테마는 워드프레스 홈페이지에서 공식적으로 제공하는 무료 테마와 세계의 여러 웹디자이너들이 제공하는 유료 테마가 있습니다.

단 무료 테마 중에는 플러그인이나 다양한 효과를 연출하는데 다소 제한적인 것들이 많으며, 일시적으로 특정 기능이 구현되다가 멈추는 경우도 있습니다. 그러나 워드프레스 테마를 직접 만드는 것은 쉽지 않습니다. 따라서 제대로 된 사이트를 만들려면 처음부터 유료 테마를 선택하는 것이 바람직합니다. 하지만 유료 테마는 비용이 발생되기 때문에 신중하게 선택할 필요가 있습니다.

구 분	유료 테마	무료 테마
비용	$10~250	무료
주요기능	• 플래시, 썸네일 이미지 • 색상변경 • 플러그인 호환성	다소 제한적입니다.
주요 활용	다양한 홈페이지와 주제별 홈페이지 구현이 가능합니다.	개인 블로그 테마가 대부분입니다.

• 표. 유료 테마와 무료 테마 비교

테마 검색하기

제작하려는 홈페이지와 컨셉을 가장 잘 표현할 수 있는 멋진 테마를 고르기 위해서는 어떻게 접근하는 것이 바람직한 방법인지 알아보겠습니다. 가장먼저 자신의 테마에 맞는 홈페이지 테마를 선택하려면 일반적으로 다음 두 가지의 방법을 이용합니다.

❶ 구글 검색을 이용해서 테마 찾기
❷ 인기 유료 테마 회사 홈페이지에서 찾기

먼저 구글 검색을 이용해서 테마를 찾아보겠습니다. 여기서는 '음악(music)'에 관련된 테마를 검색해보겠습니다. 만들고자하는 사이트의 특징을 나타내는 단어로 검색합니다. 만약 그림과 같이 요리에 관련된 테마를 검색하려면 'wordpress cooking themes' 검색어로 검색합니다.

• 요리에 관련된 테마 검색

따라하기

01 구글(google.com) 검색 포털에서 'wordpress music themes' 검색어로 검색합니다.

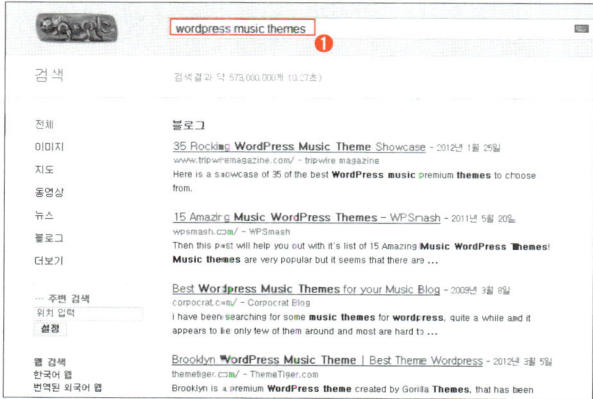

> **TIP**
>
> **무료 테마 사용 시 주의할 사항**
> 구글 검색 결과에 나오는 무료 테마 중에는 악성코드나 자동 링크가 삽입되어 있는 테마도 있습니다. 이런 테마를 사용하지 않기 위해서는 TAC(Theme Authenticity Checker) 플러그인으로 사용 전에 검색해야 합니다.

02 '이미지' 검색 탭을 선택하면 검색 결과에서 이미지만을 노출됩니다. 원하는 테마를 선택합니다. 여기서는 'DJ테마'를 클릭해보겠습니다.

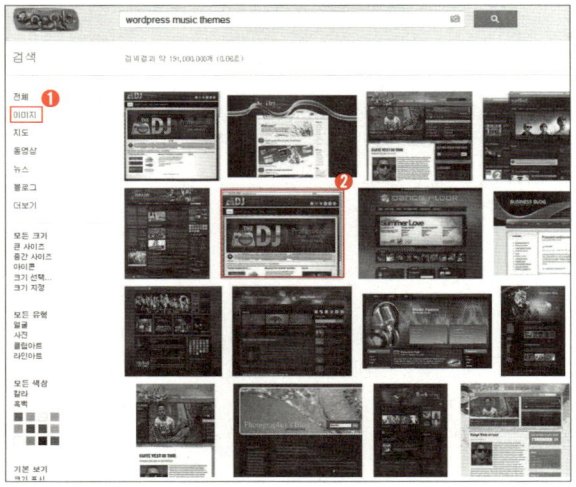

03 DJ 테마를 서비스하는 사이트로 접속하며 회사명, 테마 가격, 테마 특징 등이 설명되어 있습니다. [View Demo] 버튼을 클릭하면 DJ 테마로 꾸며진 샘플 사이트를 확인할 수 있고, [Buy] 버튼을 클릭하면 구매할 수 있습니다. [View Demo] 버튼을 클릭하여 DJ 테마 샘플 사이트를 확인해보겠습니다. DJ

테마에서 음악을 재생을 해보기도 하고 각 메뉴들을 클릭해서 포스트와 페이지가 어떻게 표현되는지 확인할 수 있습니다. 또한 'http://alohathemes.com/thed' 사이트에 접속해서 음악을 들어보면 이 테마의 장점이 어떤 것인지 파악 할 수 있습니다.

TIP

구글 검색 포털에서 테마 검색 시 검색어는 'themes'로 검색해야 원하는 결과를 검색할 수 있습니다. 구글에서 워드프레스 테마 검색 시 대부분의 한국 사람들은 'wordpress theme'라고 검색하기 쉽습니다. 하지만, 정확하게는 'wordpress themes'라고 검색해야 많은 결과를 얻을 수 있습니다. 해외 테마업체들도 도메인을 'themes'라고 사용하기 때문에 유의해야 합니다

유료 테마 검색과 구입하기

구글 이미지 검색으로 테마를 선택하는 방법에서 알아보았습니다. 이번에는 유료 테마를 선택하는 방법에 대해서 알아보겠습니다. 유료 테마는 마치 옷을 구매하기 위해 백화점에 갔는데 인기 있는 브랜드 매장 몇 곳에서 최종 결정하는 것과 같은 방법이라고

할 수 있습니다. 워드프레스 유료 테마 업체 중 가장 인기 있는 대표 유료 테마 업체를 소개하겠습니다.

워드프레스 테마 오픈마켓에서 테마 검색과 구입하기

'themeforest(themeforest.net)'는 세계 최대의 워드프레스 테마 오픈마켓입니다. 워드프레스 사이트의 레이아웃과 디자인을 결정하는데 있어서 가장 기초가 되고 신중하게 결정해야 될 부분이 테마 선정임을 감안할 때, 'themeforest'는 방대한 양질의 테마를 제공함으로서 국내뿐만 아니라 전세계에서 가장 많이 이용하는 워드프레스 테마 사이트입니다.

• themeforest 테마 오픈마켓(themeforest.net)

themeforest에서 테마를 찾는 방법은 여러 가지 방법이 있습니다. 첫 번째는 검색창을 이용하는 방법입니다. themeforest 사이트의 검색창에서 여행(travel) 테마를 검색해보겠습니다.

> **따라하기**

01 themeforest 사이트(themeforest.net)에 접속한 후 화면 우측 상단의 검색창에서 검색할 테마의 영문 검색어를 입력합니다. 'travel'를 입력한 후 검색 버튼을 클릭합니다.

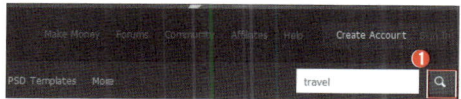

02 마우스를 이미지 위에 위치(❶)하면 메인페이지의 레이아웃을 대략적으로 확인할 수 있습니다. 몇 개 테마의 레이아웃을 확인한 후 원하는 테마가 있다면 'Demo' 페이지를 클릭하여 상세화면의 내용을 검토한 후 테마를 최종 선택할 수 있습니다.

검색 결과 중 워드프레스 테마는 워드프레스 아이콘이 표시되어 있습니다. 'PSD'라고 표시된 파일은 포토샵 파일, 'Site-templates'라고 표시된 파일은 사이트 템플릿 파일 임을 의미합니다.

• 'travel' 검색어로 검색된 테마

두 번째는 카테고리를 선택하는 방법입니다. themeforest 사이트의 'Blog/Magazine' 메뉴에서 'Sprout-Magazine & Blog WordPress Theme' 테마를 구입 및 다운로드하겠습니다. themeforest 사이트에서 테마 구입 시 결제 과정이 다소 복잡하기 때문에 주의해야 합니다. 결제는 다음과 같은 과정을 거쳐서 진행됩니다.

테마 선택 → 테마 회원가입 → 이메일 확인 → 테마 결제 → 최종 결제 → 예치금 선택 결제

> **따라하기**

01 themeforest 사이트(themeforest.net)에 접속한 후 'Wordpress' 메뉴를 클릭하고 종류별로 제공되는 다양한 테마 중 원하는 테마 유형을 선택합니다. 여기서는 'Blog/Magazine' 메뉴를 선택하겠습니다. 'Blog/Magazine' 페이지에 다양한 '블로그/잡지' 관련 테마 목록이 나타납니다. 'Sprout-Magazine & Blog WordPress Theme' 테마 아이콘을 클릭해 보겠습니다.

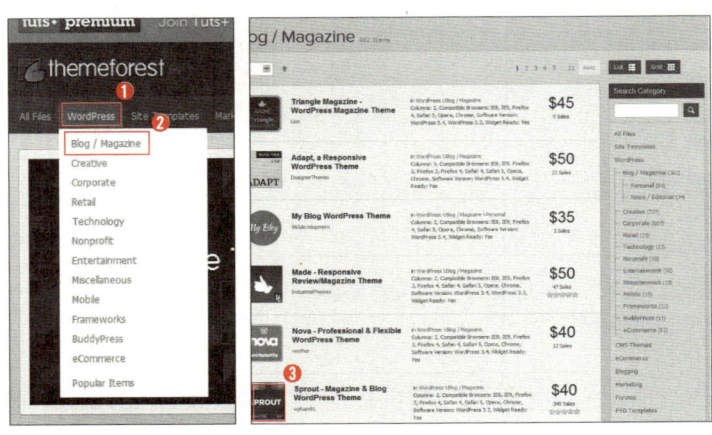

• 종류별로 제공되는 테마

02 테마를 구매하기 위해서 [Purchase] 버튼을 클릭합니다. themeforest 사이트에 이미 회원으로 가입한 상태라면 [Sign

In] 버튼을 클릭하여 로그인하고, 회원가입 전 상태라면 [Create Account] 버튼을 클릭하여 회원가입합니다. 여기서는 [Create Account] 버튼을 클릭하겠습니다.

- **Live Preview** : 테마가 적용된 샘플 사이트를 미리 볼 수 있습니다.
- **Screenshots** : 테마의 주요 기능을 이미지로 미리볼 수 있습니다.

03 계정 만들기 'Create an Account' 페이지에서 개인정보와 이메일 그리고 스팸방지를 위해 제시된 단어 등을 입력한 후 [Create Your Account] 버튼을 클릭합니다.

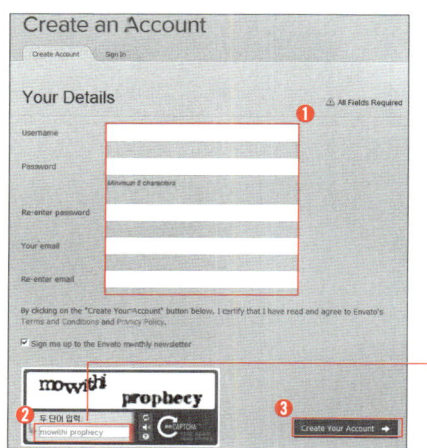

회원가입 시 스팸방지를 위해 제시된 두 단어를 입력해야 하는데, 단어와 단어 사이에 한 칸 띄워서 입력해야 합니다.

Chapter 02_ **워드프레스 시작하기** 103

04 회원 가입이 정확하게 입력되면 이메일을 확인하라는 메시지가 다음과 같이 보여줍니다. [Resend email to 이메일 주소] 버튼을 클릭합니다. 회원가입 페이지에서 작성한 이메일 주소로 메일이 발송되었다는 안내 문구(Ⓐ)가 표시됩니다. 자신의 메일함에서 themeforest에서 보내온 메일을 확인합니다.

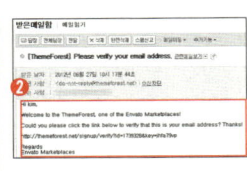

• themeforest 회원가입 후 이메일 확인 안내 메시지와 메일

05 워드프레스 테마를 판매하는 업체들마다 판매 정책이 다르고 결제방식이 다릅니다. themeforest의 테마를 구입하기 위해서는 우선적으로 예치금을 결제해야 되고, 그 이후 사이트에 회원가입 후 결제하는 방식을 택하고 있습니다. 만약 자신이 구입할 테마가 '$35'이라면, 아래 예치금에서 '$40'를 선택해서 결제해야 합니다. 그리고 결제 카드는 VISA나 마스터카드 같은 해외결제가 가능한 카드로만 결제가 가능합니다.

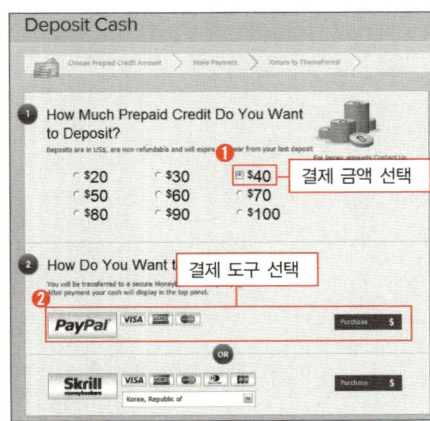

• themeforest의 예치금 결제 화면

06 테마 예치금 결제가 끝났으면 다시 자신이 원하는 테마로 이동합니다. 테마 페이지에서 'Buy Now(바로 결제)'를 클릭하면 다음과 같은 화면이 나옵니다. 여기서 이미 예치금을 결제했으므로 왼쪽에 있는 "Buy with Prepaid Credit'를 선택합니다. 결제 전 상태라면 결제 방식을 선택합니다.

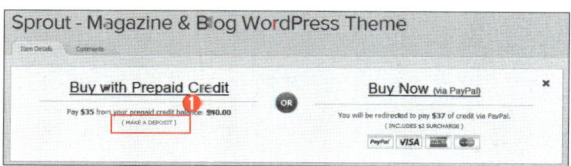

• themeforest의 테마 결제 시 선택 화면

07 테마를 다운로드 할 수 있는 'Downloads' 페이지가 나타납니다. [Download] 버튼을 클릭한 후 '이 파일을 저장하시겠습니까?' 창에서 [저장] 버튼을 클릭합니다.

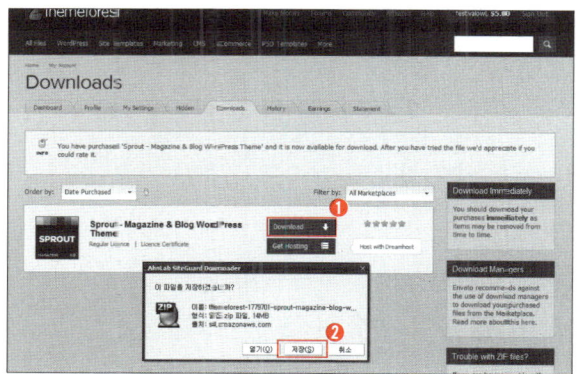

• themeforest의 결제 후 테마 다운로드

08 압축파일을 폴더에 저장한 후 압축을 풉니다. 일반적으로 워드프레스 유료 테마들은 결제 완료 후 다운로드 받은 압축 파일을 설치하면 설치가 완성됩니다. 하지만, themeforest의 일부는 테마설치 파일이 폴더 내 하위 폴더 안에 숨어 있는 경우

가 있습니다. 필자가 다운받은 'sprout' 파일의 경우를 살펴보겠습니다. 결제 후 다운로드받은 압축폴더를 풀면 아래와 같이 새 폴더가 만들어졌습니다.

• themeforest 테마 다운로드 후 압축파일의 압축을 푼 상태

09 새 폴더를 열면 다음 그림과 같이 2개의 폴더가 보이며, 'sprout-package' 폴더를 클릭하면 '그림2'와 같이 'sprout.zip' 파일이 보입니다. 이 파일을 최종적으로 테마설치에 이용하면 테마선택 후 적용까지의 모든 과정이 완성됩니다. 테마 설치에 관해서는 'Chapter 03-워드프레스 무작정 따라하기'을 참고 하세요.

• 그림1

• 그림2 sprout.zip 압축 파일을 풀었을 때

인기 테마 검색과 살펴보기

워드프레스 테마 중 필자가 운영중인 사이트를 적용시킨 테마와 전세계적으로 가장 인기 있는 테마들을 살펴보겠습니다.

인기 테마들이 가득한 Woothemes

Woothemes(www.woothemes.com)는 보유한 테마 수가 많고 전세계적으로 가장 인기 있는 테마 중에 하나입니다. 필자가 운영하고 있는 web6(web6.co.kr) 사이트도 Woothemes 테마를 적용시켜 만들었습니다.

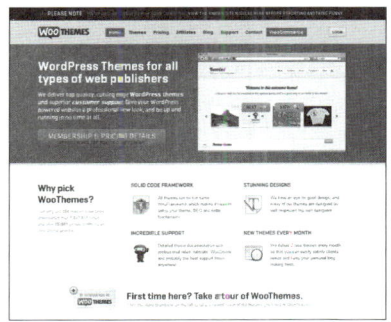

• Woothems 메인 화면　　　　　　　　　　• 필자가 운영 중인 사이트

　Woothemes는 2013년 6월 현재 76개의 테마를 보유하고 있으며, 19만 명이 이용하고 있습니다. Woothemes는 다른 테마보다 대체적으로 가격이 비싸지만 한 개의 테마를 구입하면 2개를 추가로 제공합니다. Woothemes는 카테고리별로 구분되어 있어서 테마를 쉽게 찾을 수 있습니다. 아래 화면 우측의 'FILTER BY TYPE(❹)'을 통해 카테고리별로 테마를 찾을 수 있습니다. Woothemes의 테마들은 Woocommerce처럼 자체적으로 보유한 플러그인이 많기 때문에 다양한 위젯을 통해 개성있는 사이트를 만들 수 있다는 장점이 있습니다.

• Woothemes 테마 갤러리 화면

Chapter 02_ **워드프레스 시작하기**　**107**

Woothemes 구입 방법은 앞에 소개한 themeforest보다 더욱 간단합니다. Woothemes는 Woocmmerce(쇼핑몰 관련 테마, ❹)와 같은 커머스에 관련된 플러그인이 많기 때문에 그림2와 같은 쇼핑몰 및 다양한 비즈니스 사이트를 만들 수 있다는 장점이 있습니다.

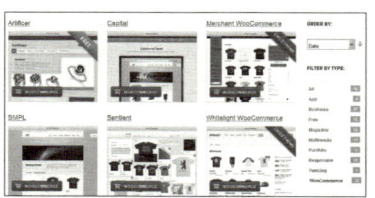
• 그림1. Woocmmerce(쇼핑몰 관련 테마) 카테고리

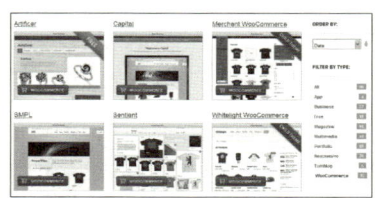
• 그림2. 슬라이딩 쇼핑몰 테마
(www.woothemes.com/2011/12/sliding/)

스마트폰에 최적화된 테마가 많은 mojo-themes

Mojo-themes(www.mojo-themes.com)는 템플릿과 플러그인 등을 합쳐 2012년 5월 현재 559개의 아이템을 보유하고 있는 프리미엄 테마 회사입니다. 테마 종류도 다양하지만, 특히 아이패드, 아이폰(스마트폰) 등 모바일기기에 최적화된 자체 테마를 많이 보유하고 있으며, 가격대는 5$~55$까지 다양하게 분포하고 있습니다. Mojo-themes의 특징은 테마의 분위기가 젊고 세련된 이미지가 많습니다. Mojo-themes는 테마뿐만 아니라 다양한 유료 플러그인도 제공하고 있습니다.

따라하기

01 Mojo-themes 사이트(www.mojo-themes.com)에 접속한 후 테마는 'WordPress - Themes' 메뉴를 선택하고, 플러그인은 'WordPress - Plugins' 메뉴를 선택합니다.

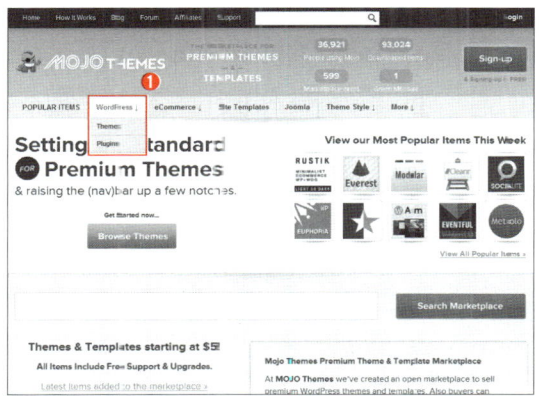

02 테마 도는 플러그인 페이지의 검색창에서 테마 또는 플러그인을 검색(Ⓐ)하거나 카테고리(Ⓑ)에서 제작하려는 사이트의 특징과 매치되는 카테고리를 선택한 후 검색합니다.

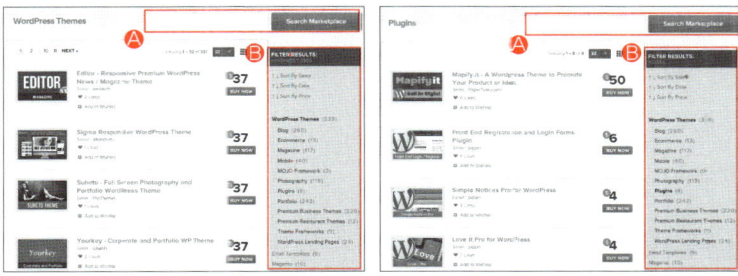

워드프레스 테마 대표 사이트

위에서 소개한 Woothemes, mojo-themes 테마 업체 이외에도 다양한 워드프레스 테마를 판매하는 업체들이 있습니다. 다음은 워드프레스 테마를 판매하는 대표적인 사이트와 특징을 나타낸 표입니다. 테마 가격은 업체 정책에 따라 변동될 수 있습니다.

Chapter 02_ **워드프레스 시작하기** **109**

업체명	사이트 주소	특징	테마수	가격범위
themeforest	themeforest.net	세계 최대의 테마업체, 다양한 테마 보유	5,656	$1~90
WOOTHEMES	woothemes.com	다양한 플러그인을 자체적으로 보유	104	$70
elegantthemes	elegantthemes.com	다양한 플러그인을 자체적으로 보유, 테마를 저렴한 패키지로 제공, 테마 한 개를 구입하면 다른 유사테마를 1년간 이용할 수 있는 서비스 제공합니다. 'Preview'에서 테마 데모화면 확인 후 'download' 클릭하면 다운 받을 수 있습니다.	74	$39 (전체 패키지)
MOJO THEMES	mojo-themes.com	젊은 느낌의 시원한 디자인 테마가 많으며, 또한 아이패드, 아이폰 등 스마트폰에 최적화된 테마가 많습니다. 그 외 다양한 유료 플러그인을 제공합니다.	559	$5~$55
EZwpthemes.com	ezwpthemes.com	세련된 디자인의 다양한 무료 테마를 제공하지만, 모든 테마가 블로그 스타일로 꾸며진 테마입니다. 특히 크리스마스 같은 기념일, 결혼식 청첩장 등 스페셜 홈페이지에 적합한 다양한 테마를 제공합니다.	500	무료
studiopress.com	studiopress.com	직관적이고 사각형 구조의 심플하고 깔끔한 디자인의 비즈니스 테마를 제공합니다. 회사 홈페이지나 비즈니스 관련 홈페이지 구축에 적합한 테마가 많습니다.	40	$79.95
TEMPLATELITE	templatelite.com	여행 테마, 실사를 합성하여 만든 테마들이 많고, 특히 갈색톤 자연배경의 여행테마 등이 많습니다.	62	무료~광고제거 ($35)
PageLines	pagelines.com	디자인이 매우 뛰어난 테마가 많으며, 디자이너나 사진작가 홈페이지를 만들 때 유용한 테마가 많습니다.	58	평균 $50, $197(전체 패키지)

업체명	사이트 주소	특징	테마수	가격범위
ViVA THEMES	vivathemes.com	개성 있는 예술적인 디자인의 테마가 많으며, 다양한 레이아웃 구성의 테마들이 많습니다. 개성이 강한 홈페이지를 만들 때 유용한 테마가 많습니다.	38	$45~160
AlohaThemes	alohathemes.com	음악, 뷰티살롱, 나이트, 휘트니스 등과 관련된 테마가 많습니다. 특히 테마가 자체적으로 음악 재생 플레이어를 가지고 있어, 음악이나 엔터테인먼트 홈페이지에 적합한 테마가 많습니다.	18	$77
WORDPRESS.ORG	wordpress.org/extend/themes/	wordpress.org 사이트에서 제공하며 다양한 카테고리의 다양한 테마가 제공되며, 특히 무료 테마가 많다는 특징이 있습니다.	1,600	무료

• 대표적인 워드프레스 테마 업체 10곳(2012년 5월 기준)

카테고리별 인기 테마 베스트

필자가 워드프레스 테마들을 조사한 결과 세계적으로 가장 인기 있는 테마들을 비즈니스, 포트폴리오, 뉴스&매거진, 여성, 블로그, 쇼핑몰, 음식 등 특징별로 구분하였습니다. 구축하려는 사이트의 특징이나 목적에 따라 부합되는 테마를 선정하기 전에 관련 카테고리의 인기 테마들을 벤치마킹하면 테마를 선정하기 수월합니다.

비즈니스 카테고리 테마

업체명	사이트 주소	특징	사이트 화면
U-Design WordPress Theme	goo.gl/Qyczj	세계에서 가장 많이 판매된 워드프레스 유료 테마로 수많은 칼라 조정 옵션과 배경화면, 텍스트, 메뉴관리 뿐만 아니라 다양한 디자인 설정까지 가능한 테마 디자인 회사나 이미지를 많이 보여 줄 수 있는 회사 홈페이지에 적합합니다. 가격은 $35입니다.	
Modernize	goo.gl/6yL-G	컨텐츠가 풍부한 회사 홈페이지로 적절, 고해상도의 사진 메인 노출 시 효과 극대화, 스마트폰과 자동연동됩니다. 가격은 $35입니다.	

업체명	사이트 주소	특징	사이트 화면
Karma	goo.gl/2tYbT	중소형 규모의 회사 홈페이지로 적합하며, 메인 썸네일 이미지의 고해상도가 특징입니다. 가격은 $35입니다.	
Smart start	goo.gl/o6ru6	깔끔한 이미지를 가진 회사 홈페이지에 적합한 테마입니다. html5 웹표준화로 구성된 최신 홈페이지 구축에 적합합니다. 가격은 $35입니다.	
GoodSpace	goo.gl/eXWXn	직관적이고 깔끔한 이미지 디자인의 회사 홈페이지로 적합하며, 태블릿pc, 스마트폰과 자동연동됩니다. 가격은 $35입니다	
Anna brown	goo.gl/81RJ3	저렴하고 심플한 테마로 회사소개 페이지가 캐시캐이드 형식으로 노출됩니다. 가격은 $20입니다.	
Dynamix	goo.gl/KNyA9	메인이미지가 플래시로 다이나믹하게 연출되는 특징이 있으며, 중소규모의 회사 홈페이지에 적합합니다. 가격은 $45입니다.	
GoodSpace	goo.gl/hjVZ8	회사 홈페이지에 적합한 테마로 10가지 색상, 패턴, 폰트 등을 변경할 수 있으며, 한눈에 들어오는 시원한 구성과 디자인이 강점인 테마입니다. 가격은 $40입니다.	
Digitalis	goo.gl/dF2sD	벤처기업, 엔터테인먼트 회사 홈페이지 등에 적합한 테마로 색상, 컨텐츠 레이아웃, 헤드, 풋터 등을 수정할 수 있습니다. 가격은 $40입니다.	
Digitalis	goo.gl/pcSEz	모조 테마의 장점과 디자인, 컨텐츠, 영상, 플래시가 매우 잘 조화된 테마로 컨텐츠가 풍부한 개성 있는 사이트에 적합합니다. 가격은 $40입니다.	

업체명	사이트 주소	특징	사이트 화면
challenge	demo.whoathemes.net/?theme=challenge	메인 썸네일 이미지에 텍스트가 슬라이드로 뿌려지는 효과가 독특하며 풋터 디자인이 세련된 테마입니다. 가격은 $35입니다.	
amalafoundation	www.amalafoundation.org	자연과 관련된 홈페이지나 단체, 등산, 여행 관련 사이트에 적합한 테마입니다. 가격은 $79.95입니다.	
Polished	demo.colorlabsproject.com/?theme=parasol	회사 홈페이지, 벤처기업이미지, 고품격 럭셔리 홈페이지에 적합합니다. 가격은 $49입니다.	
parasol	www.elegantthemes.com/preview/Polished/	개인 홈페이지나 소규모 홈페이지에 적절한 테마이며, 쉽게 적용이 가능한 테마로 필자의 워드프레스 초보강의 샘플로 사용 중입니다. 가격은 $39입니다.	

포트폴리오 카테고리 추천 테마

업체명	사이트 주소	특징	사이트 화면
Core	themes.themegoods.com/?theme=Core	이미지가 투영되는 효과를 가지고 있으며, 포트폴리오가 많은 개인 디자이너, 사진작가, 사진 스튜디오 홈페이지에 적합합니다. 가격은 $49입니다.	
Scope	demo.themezilla.com/?theme=scope&ref=tf	특정 컬러톤의 포트폴리오를 많이 보유하고 있는 디자인회사, 광고회사, 에이전시 홈페이지에 적합합니다. 가격은 $40입니다.	
Object	demo.woothemes.com/?name=object	사진 홈페이지 또는 포트폴리오 관련 홈페이지에 적합합니다. 가격은 $70입니다.	

업체명	사이트 주소	특징	사이트 화면
Breathe	meshaper.com/themeshapers/themes/?theme=breathe	플래쉬 효과가 매우 뛰어나고, 독창성과 재미있는 다양한 효과를 연출하기에 적합한 테마입니다. 가격은 $35입니다.	
Images by Bay	imagesbybay.com	갤러리 리스트가 잘 정리되어있고 이미지를 보기 편하게 설계되어있는 테마로 사진작가 홈페이지에 적합합니다. 가격은 $35입니다.	
Chameleon	elegantthemes.com/demo/?theme=Chameleon	사진 스타일에 맞게 배경색과 문양을 직관적으로 쉽게 조정할 수 있으며, 전체적으로 파스텔 느낌의 테마입니다. 가격은 $39입니다.	
Reveal	themetrust.com/demos/reveal/#the-village	사진, 동영상을 썸네일 리스트에서 선택 시 애플 모니터 화면으로 구현하는 테마로 플래쉬 효과가 독특합니다. 스마트폰, 태블릿PC 등과 자동 연동됩니다. 가격은 $49입니다.	

뉴스 & 매거진 카테고리 추천 테마

업체명	사이트 주소	특징	사이트 화면
Delicious Magazine	demo.woothemes.com/?name=delicious-magazine	맛집 소개 블로그, 레스토랑 홈페이지, 잡지 홈페이지 등에 적합한 테마입니다. 가격은 $70입니다.	
News theme	demo.studiopress.com/news/	포스팅이 많은 뉴스 사이트 또는 이슈나 소식지 홈페이지에 적합한 테마입니다. 가격은 $79.95입니다.	
Magazine theme	demo.studiopress.com/magazine/	포스팅이 많은 잡지나 웹진 등의 홈페이지에 적합한 테마입니다. 가격은 $79.95입니다.	

업체명	사이트 주소	특징	사이트 화면
Magazine Explorer	demo.wzoom.com/?theme=magazine-explorer	잡지 홈페이지, 기업 홍보 사이트, 정보 제공 사이트로 적합한 테마입니다. 가격은 $69입니다.	
Magazinum	demo.wzoom.com/?theme=magazinum	화려한 디자인과 활발한 느낌의 잡지같은 분위기의 홈페이지에 적합한 테마입니다. 가격은 $69입니다.	

블로그 카테고리 추천 테마

업체명	사이트 주소	특징	사이트 화면
Artsee	elegantthemes.com/preview/ArtSee/	필자가 사용중인 블로그 전용 테마로 심플하고 깔끔한 느낌의 테마입니다. 가격은 $39입니다.	
RedFred	goo.gl/G3H1h	블랙&레드로 구성된 독특한 디자인의 개성 넘치는 테마로 만화, 일러스터, 예술가 홈페이지에 적합한 테마입니다. 가격은 $35입니다.	
Decor	demo.studiopress.com/decor/	럭셔리 앤틱 분위기의 회사홍보 블로그 사이트에 적합한 테마입니다. 가격은 $79.95입니다.	
Piano Black	www.mono-lab.net/demo3/	깔끔하고 고급스러운 이미지의 블로그 테마지만 기본적인 기능을 모두 갖추고 있습니다. 가격은 무료입니다.	
Zwin	goo.gl/rzdG2	개인 포트폴리오 사이트나 온라인 이력서 사이트에 적합한 테마입니다. 가격은 $25입니다.	

Chapter 02_ **워드프레스 시작하기** **115**

여성 카테고리 추천 테마

업체명	사이트 주소	특징	사이트 화면
Sweetsexy	demo.whoathemes.net/?theme=sweetsexy	피부, 미용, 패션, 여성의 아름다움과 관련된 테마에 적합합니다. 가격은 $35입니다.	
Styled	demos.vivathemes.com/styled/	여성 패션 관련 사이트에 적합한 테마입니다. 가격은 $79.95입니다.	
Blush Salon	goo.gl/ncchk	뷰티살롱, 미용실 관련 홈페이지에 유리한 테마입니다. 가격은 $77입니다.	

쇼핑몰 카테고리 추천 테마

업체명	사이트 주소	특징	사이트 화면
Flexishop	goo.gl/GrLHW	쇼핑몰 테마로 카테고리 분류, 상품 소개, 장바구니 기능 등을 제공됩니다. 가격은 $79.95입니다.	
Boutique	elegantthemes.com/preview/Boutique/	엘레강스한 쇼핑몰에 적합한 테마로 귀엽고 아기자기한 디자인이 특징입니다. 가격은 $39입니다.	
Wardrobe	goo.gl/CmHvo	화장품 쇼핑몰, 소규모 쇼호몰 등 쇼핑몰에 적합한 테마입니다. 가격은 $69입니다.	

음식점 카테고리 추천 테마

업체명	사이트 주소	특징	사이트 화면
Stomaci	goo.gl/GZMkt	레스토랑, 카페 테마로 주메뉴, 이벤트 메뉴, 갤러리 등을 깔끔하게 구상한 테마입니다. 가격은 $35입니다.	
Diner	demo.woothemes.com/?name=diner	단체예약, 장소 등 컨텐츠가 풍부한 레스토랑 홈페이지에 적합한 테마입니다. 가격은 $70입니다.	
Indulgence	demo.colorlabsproject.com/?theme=indulgence	메뉴가 다양한 레스토랑 홈페이지에 적합한 테마입니다. 가격은 $49입니다.	

기타 추천 테마

업체명	사이트 주소	특징	사이트 화면
Diarise	demo.woothemes.com/?name=diarise	이벤트 사이트로 적합한 테마로 필자가 web6.co.kr 사이트 적용하고 있는 테마입니다. 가격은 $70입니다.	
Beecrafty	/demo.studiopress.com/beecrafty/	산뜻하고 아기자기한 디자인의 테마로 공예관련 홈페이지에 적합한 테마입니다. 가격은 $79.95입니다.	
the-nightclub	alohatheme.com/the-nightclub/	나이트클럽, 바, 이벤트쇼, 축제 홈페이지로 적합한 테마입니다. 가격은 $77입니다.	

워드프레스로
홈페이지·블로그 만들기

3장
워드프레스 무작정 따라하기!

워드프레스의 7-장 핵심은 다시보드(알림판)입니다. 이 장에서는 대시보드를 이해하고 활용하는 방법을 습득한 후 사이트에 테마와 플러그인을 설치하고 설정하는 방법 등에 대해서 알아보겠습니다. 또한 게시글을 발행하고 게시글 내에 미디어를 삽입하는 방법, 카테고리를 만드는 방법, 옵션과 위젯으로 사이트의 스타일 꾸미는 방법 등에 대해서도 알아보겠습니다.

1. 대시보드 활용하기
2. 테마 & 플러그인 설치하기
3. 카테고리 만들고 게시글 작성하기
4. 테마옵션과 위젯으로 사이트 스타일 꾸미기

01
대시보드 활용하기

도메인등록, 웹 호스팅 설정, 테마 선정 등이 완성되면 사이트의 레이아웃까지 완성된 상태입니다. 이제 사이트만의 스타일을 연출하기 위한 꾸미기 작업을 시작해보겠습니다. 워드프레스로 사이트를 꾸미고, 관리하기 위한 작업은 대시보드(dashboard)에서 진행합니다. 대시보드는 환경 설정, 테마 디자인, 플러그인 설정, 글 관리, 링크 설정, 페이지 관리 등 사이트의 모든 사항을 관리할 수 있는 관리자 페이지입니다.

대시보드에 접속하기

'대시보드(dashboard)' 또는 '알림판'은 워드프레스의 관리자 페이지입니다. 대시보드(알림판)는 워드프레스 관리자 페이지(http://자신의 사이트주소/wp-admin)에서 로그인 과정을 거쳐 접속할 수 있습니다.

따라하기

01 워드프레스 대시보드 페이지(http://자신의 도메인주소/wp-admin)에 접속한 후 로그인합니다.

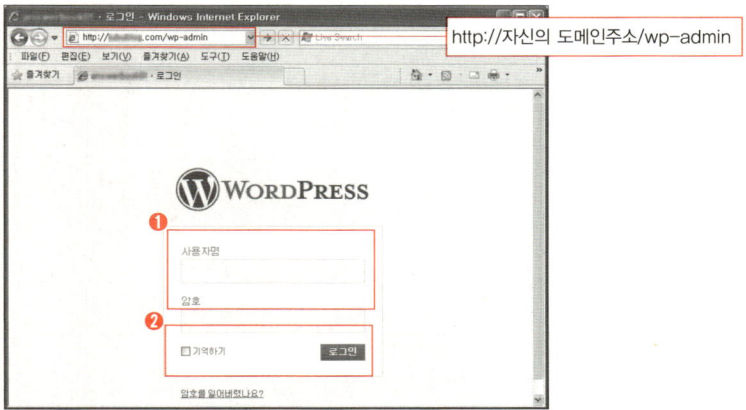

02 워드프레스 관리자 페이지인 대시보드(알림판)에 접속합니다.

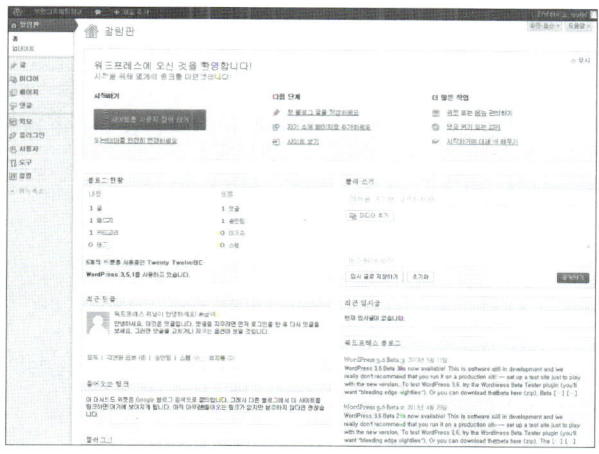

03 대시보드에서는 워드프레스의 모든 사이트 관리 기능을 사용할 수 있습니다. 또한 대시보드 우측 상단의 '도움말' 기능을 이용하면 기능에 대한 사용 안내를 확인할 수 있습니다. 대시보드 좌측 메뉴에서 '글' 메뉴를 클릭한 후 우측 상단의 '도움말'을 클릭합니다.

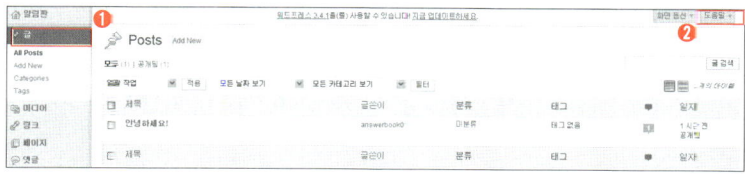

04 도움말 창이 펼쳐지면서 현재 선택한 '글' 메뉴의 개요, 사용 가능한 작업, 사용방법 등에 대한 정보를 안내 받을 수 있습니다.

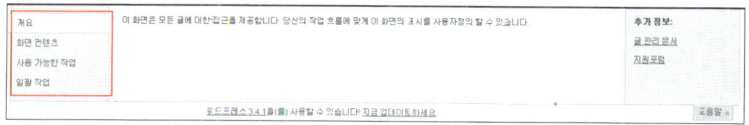

대시보드와 사이트 전환하기

대시보드(알림판)에서 프로필 작성, 글 작성, 댓글, 테마디자인(외모), 플러그인, 설정 등 작업한 내용이 사이트에 제대로 반영되었는지, 제대로 수정되었는지 등을 확인하기 위해서는 사이트에 접속해야 됩니다. '사이트 보기' 메뉴를 이용하면 빠르게 사이트로 이동할 수 있습니다.

따라하기

01 대시보드(알림판) 상단 타이틀 바에서 사이트 제목을 클릭한 후 '사이트 보기' 메뉴를 선택합니다.

02 워드프레스로 만든 사이트에 접속됩니다. 사이트에서 대시보드로 이동하기 위해서는 마찬가지로 상단 타이틀바에서 사이트제목에 마우스를 위치시키면 나타나는 '알림판'을 클릭합니다.

대시보드 메인화면 구성하기

대시보드(알림판)의 메인화면 구성 요소와 화면 레이아웃의 열의 수를 설정할 수 있습니다. 또한 사용자의 목적에 맞게 화면 구성 요소를 드래그하여 위치를 변경할 수 있습니다.

따라하기

01 대시노드로 이동하기 위해서는 상단 타이틀바 우측 끝의 '안녕하세요, 자신의 아이디' 아래의 '화면옵션' 메뉴를 클릭합니다.

02 '화면에 보여주기' 페이지에서 대시보드 메인화면에서 감추고 싶은 항목의 체크 박스를 클릭하여 체크 상태를 해제시킵니다. 여기서는 '블로그 현황, 최근 답글, 들어오는 링크, 빨리 쓰기, 최근 임시글 외 나머지 항목의 체크 상태를 해제하겠습니다.

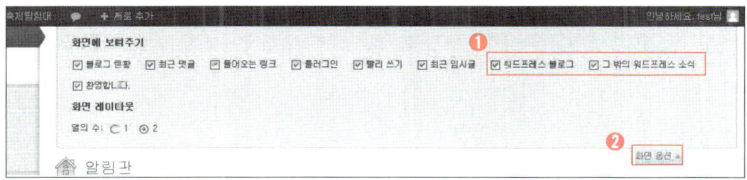

03 대시보드 메인화면에서 창을 드래그하여 원하는 위치로 이동시킵니다. 대시보드 메인화면에서 창의 위치는 사용자의 편의에 맞게 재배치하거나 1열, 2열, 3열, 4열 등으로 열의 수를 변경할 수 있습니다.

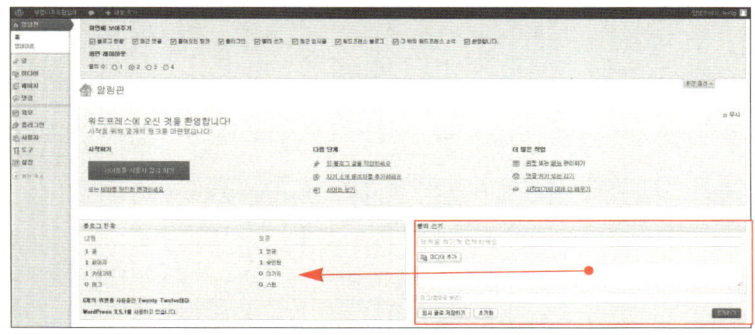

대시보드 핵심 기능 파악하기

워드프레스는 대시보드 영역에서 사이트의 90%이상을 관리할 수 있습니다. 일반적으로 블로그나 카페에서는 실제로 보이는 화면에서 바로 글을 작성할 수 있지만, 워드프레스는 댓글을 제외한 대부분의 작업이 대시보드에서 이루어집니다. 워드프레스 설치 후 가장 관심을 기울이고 친숙하게 보게 될 화면도 바로 대시보드 영역입니다. 그 만큼 대시보드는 워드프레스의 핵심이자 가장 중요한 부분이므로 주요 기능들을 미리 익히고 시작하는 것이 좋습니다. 다음은 워드프레스(3.5.1 버전)의 대시보드 메인화면입니다.

글(Posts) 메뉴 구성 항목

워드프레스의 모든 글쓰기 및 관리(수정, 삭제)가 가능합니다.

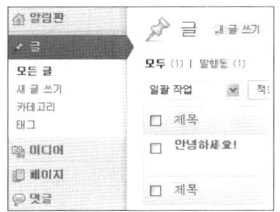

- 모든 글(All Posts) : 작성된 모든 글을 보고 수정 할 수 있습니다.
- 새 글쓰기(Add New) : 새로운 글을 작성 할 수 있습니다.
- 카테고리들(Categories) : 카테고리를 생성 및 관리 할 수 있습니다.
- 태그(Tags) : 태그를 관리 할 수 있습니다.

미디어(Media) 영역

게시글이나 페이지 등에 첨부시킬 이미지와 동영상을 생성 또는 편집하는 곳입니다.

- 라이브러리(Library) : 현재 등록된 미디어들을 관리할 수 있습니다.
- 파일 올리기(Add New) : 새로운 디디어를 업로드할 수 있습니다. 최대 업로드 프일용량은 21MB입니다.

페이지(Pages) 영역

회사소개, 회사약도, 대표이사 인사말, 회사연혁 등 자주 변경되는 내용이 아닌 콘텐츠를 다양한 템플릿을 이용해서 해당 내용을 올리는 곳입니다.

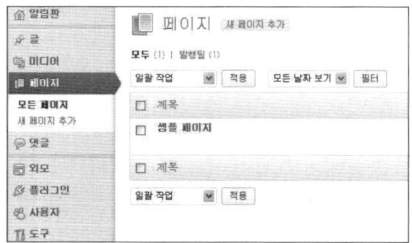

- 모든 페이지(All Pages) : 현재 등록된 페이지를 모두 확인하고 관리할 수 있습니다.
- 페이지 만들기(Add New) : 새로운 페이지를 등록할 수 있습니다.

댓글(Comments) 영역

전체 댓글을 관리하는 곳입니다. 작성된 댓글을 승인하여 사이트에 노출시킬 수 있으며, 스팸으로 분리하거나 삭제할 수 있습니다.

외모(Appearance) 영역

테마, 위젯, 메뉴 등 화면에 노출되는 부분을 관리하는 곳입니다.

- 테마(Themes) : 새로운 테마를 설치할 수 있고 활성화 여부를 선택하여 관리할 수 있습니다.
- 위젯(Widgets) : 기본적으로 제공하는 위젯과 설치한 테마, 플러그인에서 제공하는 위젯을 관리하는 곳입니다. 사용할 수 있는 위젯영역에서 원하는 위젯을 선택한 후 우측 영역으로 드래그하여 등록할 수 있습니다.
- 메뉴(Menus) : 메뉴를 관리할 수 있습니다. 메뉴를 생성하고 카테고리나 페이지를 메뉴에 추가 할 수 있습니다. 메뉴 추가가 끝나면 [메뉴 저장] 버튼을 클릭하여 메뉴를 저장해야 합니다.
- CSS편집(CSS Edit) : 웹문서의 전반적인 내용을 한번에 수정할 수 있는 곳으로 글자크기, 글자색 등 다양한 디자인 적용이 가능합니다. 외모>CSS편집이 보이지 않는 테마는 '편집기'나 '테마옵션'의 스타일시트 영역에서 수정이 가능합니다.
- 헤더(Head) : 사이트 가장 상단부분의 이미지를 수정 변경할 수 있는 곳입니다. 단, 테마에 따라 보이지 않을 수도 있습니다.

- 배경(background) : 배경이미지나 색상을 변경할 수 있는 곳입니다.
- 편집기(Editor) : 워드프레스는 html, css, php로 이루어져 있기 때문에 소스코드를 수정하여 기능을 '추가/수정/삭제' 할 수 있습니다.

플러그인(Plugins) 영역

플러그인을 관리하는 곳입니다.

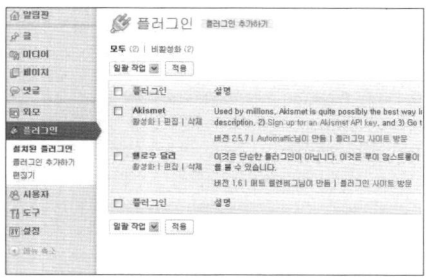

- 설치된 플러그인(Installed Plugins) : 설치한 플러그인을 활성화하고 플러그인의 세부사항을 설정 할 수 있습니다. 사용하지 않는 플러그인은 삭제할 수 있습니다.
- 플러그인 추가하기(Add New) : 새로운 플러그인을 설치할 수 있습니다.
- 편집기(Editor) : 플러그인의 소스코드를 수정할 수 있습니다.

사용자(Users) 영역

사용자 영역에서는 내 사이트에 가입한 모든 사용자를 볼 수 있고 각각의 권한을 설정할 수 있으며 관리할 수 있습니다.

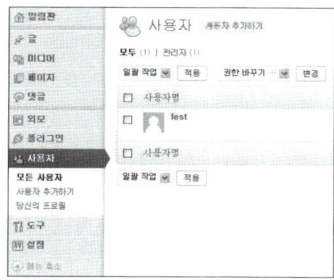

- 모든 사용자(All Users) : 사용자 정보를 확인하고 '수정/삭제' 할 수 있습니다.
- 사용자 추가하기(Add New) : 신규 사용자를 등록할 수 있습니다.
- 당신의 프로필(Your Profile) : 내 정보를 수정할 수 있습니다.

기본값 설정하기

설정(Settings) 영역에서는 사이트의 타이틀과 URL, 태그 등을 입력하고 기본적인 설정을 할 수 있습니다. 화면에 보이는 게시글 개수와 우선적으로 노출시킬 카테고리 선정 등을 간편하게 할 수 있습니다. 테마나 플러그인에 따라 차이가 있지만 기본적으로 설정 영역에서 볼 수 있는 메뉴들은 다음과 같습니다.

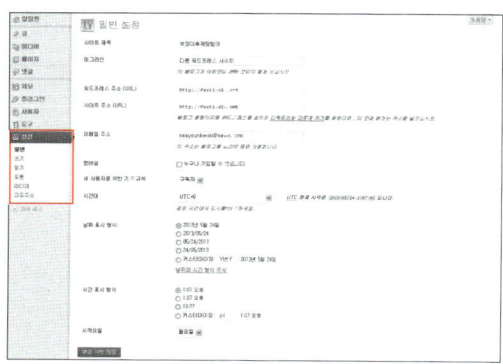

- 일반(General) : 사이트의 기본 정보와 알림을 받을 메일을 설정할 수 있습니다.
- 쓰기(Writing) : 기본적으로 노출시킬 카테고리와 링크를 설정할 수 있습니다.
- 읽기(Reading) : 게시글을 최신순으로 보여줄 것인지, 몇 개까지 보여줄 것인지를 설정할 수 있습니다.
- 토론(Discussion) : 게시글과 댓글 승인여부 등을 메일로 먼저 받을 것인지를 설정할 수 있습니다.
- 미디어(Media) : 이미지 사이즈의 제한을 설정할 수 있습니다.
- 프라이버시(Privacy) : 검색엔진에 사이트 노출유무를 설정할 수 있습니다.
- 고유주소(Permalinks) : 포스트나 페이지 작성 시 제공되는 고유주소를 사용자가 정의한 형태로 보여줍니다.

알/아/두/기

▶ 워드프레스 업그레이드

워드프레스는 대시보드 접속 시 최신버전을 바로 업그레이드 받을 수 있도록 메인화면 상단에 알림창, 대시보드 좌측 메뉴 상단, 알림란 등에 표시됩니다. 업데이트(❹)를 클릭하면 바로 업데이트를 할 수 있습니다. 단, 업데이트 후에는 사용자가 수정한 부분과 충돌하는 등의 문제가 발생할 수 있으므로 소스 파일을 미리 백업해 놓는 것을 권장합니다. 또한 워드프레스 최신버전은 영문 버전과 한글 버전이 동일하게 서비스되지 않으므로 한글 버전을 원한다면 반드시 확인후 업데이트해야 합니다. '3.4(으)로 업데이트' 버튼을 클릭하면 업데이트가 진행됩니다.

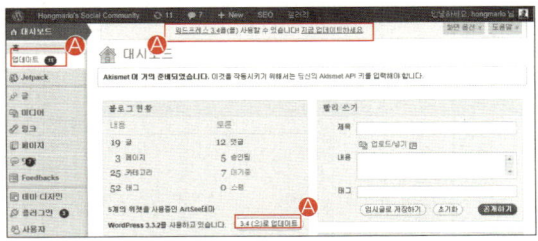

02
테마 & 플러그인 설치하기

워드프레스의 가장 큰 특징 중 한 가지가 자신이 선택한 테마와 플러그인으로 차별화된 사이트를 만들고 운영할 수 있다는 점입니다. 앞서 살펴본 대시보드의 기본적인 기능을 사용하여 테마와 플러그인 설치에 대해 알아보겠습니다.

테마 설치하기

테마 설치에 앞서 테마 선택하기가 완료되어야 합니다. 원하는 디자인의 테마를 선택했다면 그 테마를 설치하여 더욱 멋진 사이트를 만들어보겠습니다. 여기서는 무료테마인 Bueno 테마를 설치하여 사이트를 꾸며보겠습니다.

http://www.woothemes.com/products/bueno에 접속하거나 우측상단 [FREE DOWNLOAD]-[Download Now] 버튼을 클릭하면 다운로드 받을 수 있습니다.

대시보드에서 테마 설치하기

대시보드(알림판)에서 테마를 설치하는 방법에 대해서 알아보겠습니다.

> **따라하기**
>
> 01 대시보드에서 '테마 디자인(외모) - 테마' 메뉴를 선택합니다. 우측 탭의 [테마 설치]를 클릭하고 검색 옆에 보이는 '업로드(올리기)'를 클릭합니다.

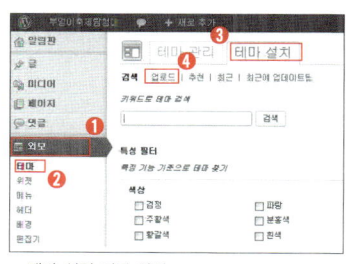

• 테마 설치 기본 화면

02 '업로드할 파일 선택' 창에서 업로드 할 파일을 선택한 후 [열기] 버튼을 클릭합니다. 워드프레스는 테마나 플러그인 설치 시 Zip파일 형태로 설치되기 때문에 압축을 풀지 않은 형태로 파일을 선택합니다. [지금 설치하기] 버튼을 클릭하면 설치가 시작됩니다.

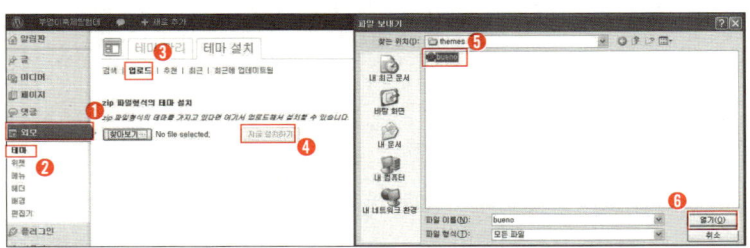

03 압축파일(Zip)이 풀리면서 테마가 자동적으로 설치됩니다. 성공적으로 설치되었다는 메시지가 나타나면 하단에 활성화 버튼이 생깁니다. [활성화] 버튼을 클릭하여 테마를 활성화시킵니다. 설치된 테마마다 위젯과 테마 옵션에 차이가 있을 수 있습니다.

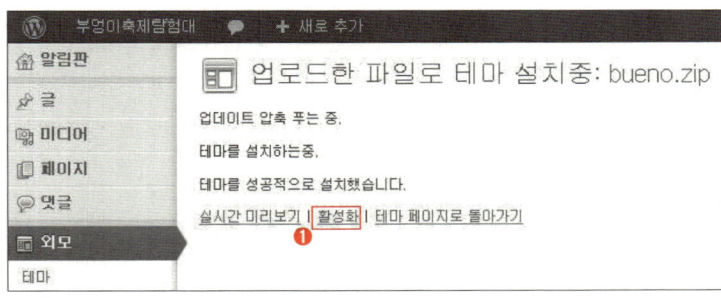

04 테마가 활성화되면 알림판에서 '외모-테마' 메뉴를 선택한 후 '테마 관리' 탭을 클릭하면 설치된 테마가 나타납니다.

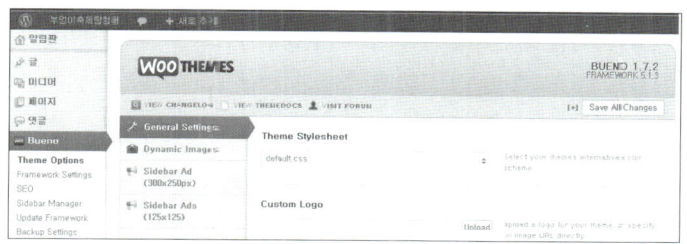

05 대시보드 좌측 상단의 사이트 타이틀명을 클릭한 후 '사이트 보기' 메뉴를 선택하여 사이트에서 적용된 테마를 확인해봅니다.

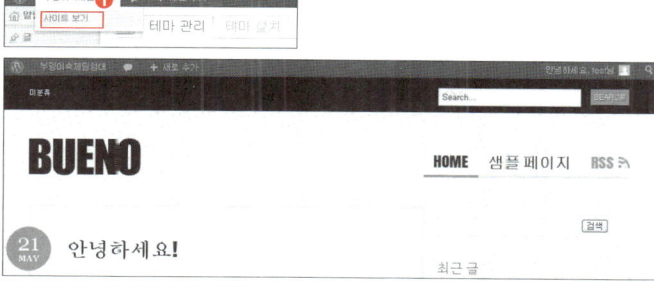

• 사이트에 적용된 'BUENO' 테마

필수 플러그인 다운받기

워드프레스는 수많은 테마만큼이나 지원되는 플러그인 또한 다양합니다. 플러그인을 사용하면 워드프레스의 기능을 더욱 향상시키고, 테마의 질을 높일 수 있습니다. 단, 플러그인에 따라 업데이트 시 기능이 자주 변경되는 것이 있으며, 테마나 다른 플러그인 등과의 충돌로 오류가 나는 경우도 있기 때문에 사전에 플러그인을 사용한 사람들의 평가를 확인한 후 이용하는 것이 좋습니다. 수많은 플러그인 중에서도 평점이 높고 사용자들이 많은 필수 플러그인 10개를 선정해서 설치하는 방법을 살펴보도록 합니다.

워드프레스 글쓰기 에디터 플러그인 다운받기

워드프레스로 글쓰기를 할 때 종종 기본 에디터에서 제공되는 기능 이외의 기능이 필요할 때가 있습니다. 워드프레스 글쓰기 에디터(Dean's FCKEditor For WordPress)는 다양한 방법으로 글을 작성할 수 있는 플러그인입니다. 게시판 글 작성 시 글자색이나 크기 등을 좀 더 풍부하게 표현할 수 있고, 다른 홈페이지로의 링크를 새 창으로 만드는 등의 편집 기능도 제공됩니다. FCKEditor 플러그인은 http://wordpress.org/plugins/fckeditor-for-wordpress-plugin 주소로 접속한 후 [Download Version x.xx] 버튼을 클릭하여 다운로드 받을 수 있습니다.

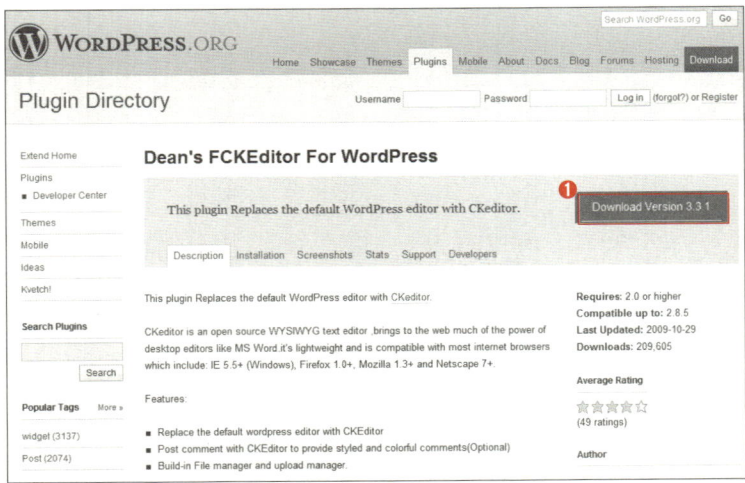

다음은 FCKEditor 플러그인을 다운로드 받은 후 워드프레스에 적용한 글쓰기 에디터 화면입니다.

• FCKEditor 플러그인을 적용한 워드프레스 글쓰기 에디터 화면

알/아/두/기

▶ 'TinyMCE Advanced' 플러그인

FCKEcitor 플러그인과 유사한 플러그인으로 'TinyMCE Advanced' (http://wordpress.org/plugins/tinymce-advanced/) 플러그인이 있습니다.

구글 xml 파일 검색 플러그인 다운받기

구글 xml 파일 검색 플러그인(Google XML Sitemaps)은 700만 사용자가 다운받은 필수 플러그인 중 하나입니다. 이 플러그인은 구글, 야후 등 해외검색 사이트에서 사이트의 정보 중 sitemap.xml 파일을 자동으로 생성하도록 도와주고 글이 작성될 때마다 해당 카테고리에 게시물이 등록된 것을 자동으로 알려줍니다.

실제로 워드프레스 홈페이지에 해당 플러그인을 설치한 후 게시글을 작성하고 구글에서 해당 게시물 제목과 유사한 키워드로 검색하면 검색 결과에 잘 노출됨을 알 수 있습니다. 구글 검색 최적화에 대한 자세한 내용은 'Chpater 04의 워드프레스를 더욱 빛나게 하는 노하우'를 참고합니다.

구글 xml 파일 검색 플러그 주소(http://wordpress.org/plugins/google-sitemap-generator/)로 접속한 후 다운로드 버튼을 클릭하여 다운로드 받을 수 있습니다.

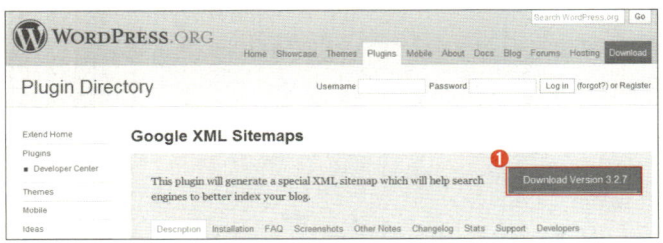

구글 xml 파일 검색 플러그인은 특별히 기본설정을 변경할 필요는 없으며, 설정 변경이 필요한 경우 다음 그림과 같이 대시보드에서 '설정 - XML-Sitemap' 메뉴를 선택한 후 '기본옵션' 등을 변경하면 됩니다.

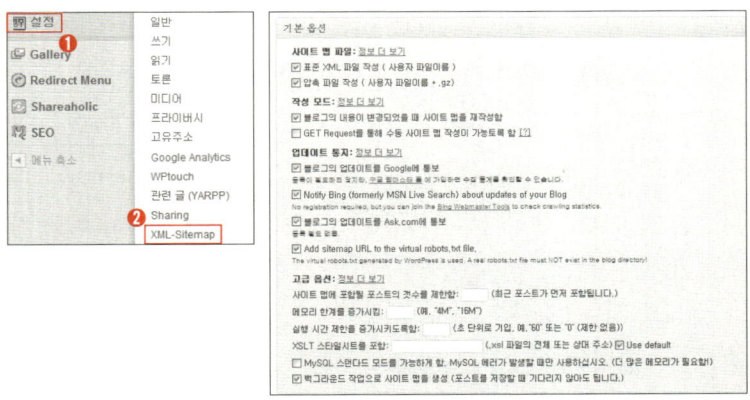

알/아/두/기

▶ **무료 플러그인의 함정**

워드프레스에는 약 2만개의 많은 플러그인들이 있습니다. 그 중에는 상당수의 무료 플러그인들이 있습니다. 하지만, 무료 플러그인들 중에는 약관을 잘 살펴보고 이용해야 합니다. 무료로 제공되는 OCO워드프레스 쇼핑몰 플러그인은 전자상거래를 쉽게 운영할 수 있도록 서비스를 제공하지만 매출의 몇%는 사용 명목으로 지불해야 된다거나 광고수익의 몇%를 지불해야 된다는 식의 안내 문구가 있습니다. 워드프레스의 무료 플러그인, 특히 전자상거래용 플러그인을 사용할 때는 약관을 꼼꼼히 확인해야 합니다.

게시글 소셜네트워크 연동 플러그인 다운받기

게시글 소셜네트워크 연동 플러그인(Sexy Bookmarks(by Shareaholic))은 재미있는 문구와 함께 페이스북, 트위터 같은 소셜 네트워크 서비스와 연동되는 플러그인입니다. 자신의 사이트에 있는 모든 게시글 하단에 자동으로 생성되게 할 수 있으며, 유의할 점은 아직 국내의 미투데이, 마이피플 같은 소셜 네트워크 서비스는 지원되지 않습니다. 게시글 소셜네트워크 연동 플러그인 주소(http://wordpress.org/plugins/sexybookmarks/)에 접속한 후 [Download Version x.xx] 버튼을 클릭하여 다운로드 받을 수 있습니다. 다음은 게시글 소셜 네트워크 연동 플러그인을 다운로드 받은 후 워드프레스에 적용한 화면입니다.

• 섹시북마크 플러그인의 적용 화면

검색엔진 최적화 플러그인 다운받기

검색엔진 최적화 플러그인(Wordpress SEO by Yoast)은 'All in One SEO Pack' 플러그인과 함께 가장 많이 이용하는 검색엔진최적화(SEO) 전문 플러그인입니다. 'All in One SEO Pack' 플러그인이 다운로드 횟수는 많지만, 사용자의 사용 평점은 'Wordpress SEO by Yoast'가 높은 편입니다. 구글 검색 결과 등에는 큰 차이가 없으나, 화면 구성상의 차이가 있으므로 비교한 후 목적에 맞게 사용하면 됩니다. 검색엔진 최적화 플러그인 주소(http://wordpress.org/plugins/wordpress-seo/)에 접속한 후 [Download Version x.xx] 버튼을 클릭하여 다운로드 받을 수 있습니다.

❶ Wordpress SEO 플러그인의 주요 기능
- 검색노출 값 직접 입력 가능 : 플러그인을 설치하면 게시글 작성 편집기가 아래 그림과 같이 자동으로 나타나며 각 항목마다 주요 내용을 입력하면 구글 검색에 쉽게 노출됩니다. 또한 카테고리 설정 시에도 동일하게 적용됩니다.
- 페이지분석 : 게시물에 포함된 이미지, 키워드, 태그 등을 분석해 검색엔진 노출을 위한 제목, 설명 작성이 가능합니다.
- 검색엔진최적화 기능 : 구글뿐만 아니라 다른 검색엔진(해외 검색엔진)에 permalink나 메타태그 등을 직접 설정할 수 있습니다.
- XML Sitemaps 지원 : 플러그인 자체적으로 XML Sitemap을 지원합니다.

Wordpress SEO 플러그인은 설치하면 자동으로 아래와 그림과 같이 게시글 아래 위치해서 주요내용을 입력하게 되어 있습니다. Wordpress SEO를 활용하여 구글 검색에 노출시키는 방법은 'Chapter 04에서 검색엔진최적화 설정하기' 를 참고합니다.

알/아/두/기

▶ 검색엔진최적화 플러그인

검색엔진최적화 플러그인인 'All in One SEO Pack' 플러그인 웹 주소(http://wordpress.org/plugins/all-in-one-seo-pack/)에 접속한 후 [Download Version x.xx] 다운로드 버튼을 클릭하여 받을 수 있습니다.

스마트폰 연동 플러그인 다운받기

스마트폰 연동 플러그인(WPtouch)은 스마트폰과 태블릿 PC 등 모바일에서 사이즈 접속 시 다음과 같은 UI의 모바일 웹을 보여줍니다. 테마에 따라 모바일 웹에서 보이는 방법이 다르기 때문에 우선 워드프레스 사이트를 모바일에서 열어본 후 자신의 사이트에 매치시킬 필요가 있는지에 따라 설치할 것을 권장합니다. 스마트폰 연동 플러그인 사이트 주소(http://wordpress.org/plugins/wptouch/screenshots/)로 접속한 후 [Download Version x.xx]

버튼을 클릭하여 다운로드 받을 수 있습니다. 다음은 WPTouch 플러그인을 적용한 화면입니다.

• WPTouch 플러그인을 적용한 결과

TIP

WPtouch Pro는 WPtouch 플러그인의 기본기능에서 추가기능을 지원하는 유료 플러그인으로 다음과 같은 기능을 제공합니다. 다양한 커스터마이징, 아이패드용 테마 지원, 모바일 전용 메뉴를 별도로 관리자화면에서 구성 웹앱 모드를 지원, 차일드테마를 지원하고, Custome Post Type 등을 지원합니다. 비용은 1개 사이트 적용 시 $49, 5개 사이트 적용 시 $99, $199를 지불하면 사이트 수에 제한 없이 사용할 수 있습니다.

사이트 분석기 플러그인 다운받기

사이트 분석기(Jetpack)는 사이트 방문자 현황, 접속자수, 페이지뷰뿐만 아니라 게시글 선호도 등 각종 접속통계를 정확하게 알려주는 플러그인입니다. 사이트 분석기 플러그인을 사용하기 위해서는 wordpress.com에 회원가입한 후 사이트의 도메인을 입력하면 됩니다. 다음은 대시보드에서 Jetpack 플러그인을 설치한 화면입니다.

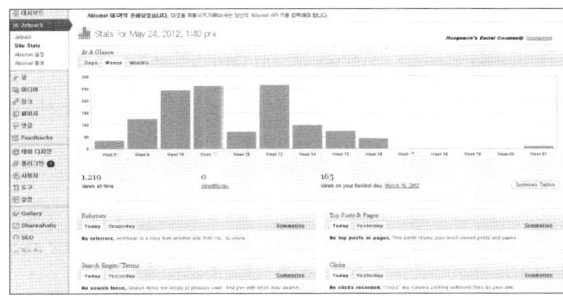

• 대시보드에서 Jetpack 플러그인을 설치 및 실행한 화면

　jetpack외에도 구글에서 만든 Google Analytics를 이용한 플러그인도 있습니다. 설정 방법 및 사용 방법은 Jetpack(http://wordpress.org/plugins/jetpack/)이 유리하고, 기능면에서는 구글 분석기(Google Analytics)가 최적화되어 있습니다. 구글 분석기를 사용하기 위해서는 구글 계정이 있어야 하며, 사이트 분석기에서 제공하는 사이트 추적 코드를 플러그인 편집기 소스에 삽입해야 사용가능하므로 초보자가 사용하기에는 다소 어려울 수 있으므로 참고하기 바랍니다.

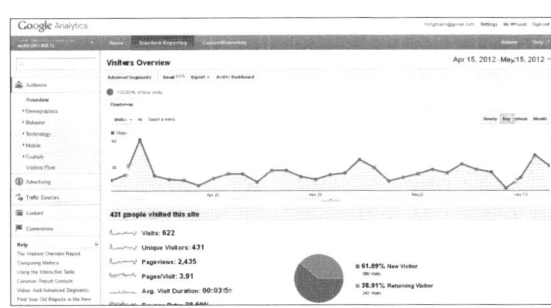

• Google Analytics를 실행한 화면

페이지 넘버 플러그인 다운받기

페이지 넘버는(Pagination) 포스팅 수가 많을 경우 포스팅에 페이지를 설정해주는 플러그인입니다. 워드프레스는 포스팅수가 많아지게 되면 'Next', 'Previous'로 표시됩니다. 페이지 넘버 플러그인을 설치하면 포스팅에 페이지를 설정해주기 때문에 포스팅 수가 많아도 쉽게 포스트에 접근할 수 있습니다. 다음은 Pagination 플러그인을 적용시킨 화면입니다. 마우스 방향키로 좌우 조절이 가능하며, 숫자를 클릭하면 해당페이지로 이동합니다. 페이지 넘버 플러그인 주소(http://wordpress.org/plugins/paginator/)에 접속한 후 [Download Version x.xx] 버튼을 클릭하여 다운로드 받을 수 있습니다.

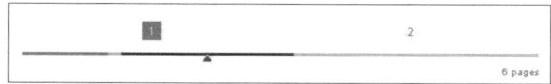

• Pagination 플러그인이 적용된 사례

연관 포스트 노출 플러그인 다운받기

블로그 글을 보다 보면 아래쪽에 포스팅과 관련된 글 몇 개가 추가로 더 보이는 경우가 있습니다. 연관 포스트 노출(Yet Another Related Posts Plugin) 플러그인은 해당 게시물의 연관 게시물이나 페이지를 자동으로 보여주는 플러그인입니다. 연관 포스트 노출 플러그인 주소(http://wordpress.org/plugins/yet-another-related-posts-plugin/)에 접속한 후 [Download Version x.xx] 버튼을 클릭하여 다운로드 받을 수 있습니다. 연관 포스트 노출 플러그인을 설치하면 워드프레스 사이트의 글 하단에는 다음과 같이 자동으로 워드프레스와 관련된 글이 보이는 창이 나타납니다.

• Yet Another Related Posts 플러그인이 적용된 사례

갤러리 효과 플러그인 다운받기

갤러리 효과(NextGEN Gallery)는 다양한 갤러리 효과를 연출할 수 있는 플러그인으로 이미지를 썸네일, 슬라이드 등 다양한 형태로 표현 가능한 플러그인입니다. 갤러리 효과 플러그인 주소 (http://wordpress.org/plugins/nextgen-gallery/)에 접속한 후 [Download Version x.xx] 버튼을 클릭하여 다운로드 받을 수 있습니다. 다음은 갤러리 효과 플러그인을 구현한 화면입니다.

• Nextgen gallery 플러그인 구현 화면

소셜 네트워크 서비스 위젯 플러그인 다운받기

소셜 네트워크 서비스 위젯(Social Media Widgethttp://wordpress.org/plugins/social-media-widget/)는 소셜 네트워

크 서비스들을 자동으로 보여주고 클릭 시 자신의 소셜 네트워크 서비스로 링크시키는 플러그인입니다. 다음은 소셜 네트워크 서비스 위젯을 구현한 화면입니다.

• Social Media Widget 플러그인 구현 화면

알/아/두/기

▶ 플러그인을 무료로 배포하는 이유

플러그인을 무료로 배포하는 이유는 워드프레스가 오픈 소스로 출발했으며, 플러그인 배포자들도 타인의 플러그인 등을 무료 사용함으로서 나눔과 공유의 문화를 실천할 수 있기 때문입니다. 또한 개발자들의 새로운 시도, 자신의 작품 선보이는 자부심도 이유가 될 수 있습니다. 무료로 배포하지만, Donation(기부)을 통해 개발비를 충당하는 것은 해외에서는 자연스러운 문화로 오랫동안 정착되어 왔습니다. 하지만, WPTouch Pro같은 상업적인 유료 플러그인도 많은데, 일반적으로는 무료버전을 공개하고 더 많은 좋은 기능을 유료로 판매하는 회사의 판매정책, 홍보수단으로 이용되기도 합니다.

플러그인 설치하기

앞장에서 살펴본 플러그인 베스트 10을 바탕으로 이제 플러그인을 설치하고 설정하는 방법을 알아보도록 하겠습니다. 플러그인은 다음과 같이 세 가지 방법으로 설치할 수 있습니다.

❶ 대시보드(알림판)에서 검색을 이용하는 방법
❷ 미리 다운받은 파일을 설치하는 방법
❸ 인기 플러그인 메뉴를 이용해서 바로 설치하는 방법

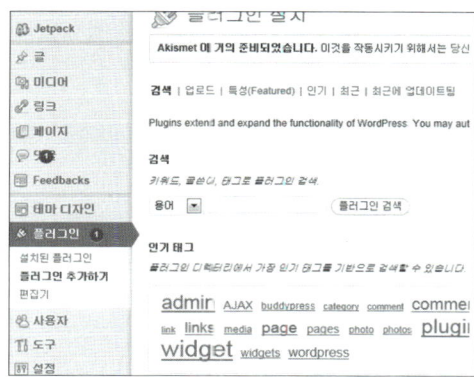

• 플러그인 설치하기 화면

플러그인 설치 화면에 보이는 6가지 항목은 다음과 같은 역할을 합니다.

- 검색(Search) : 플러그인을 검색해서 설치
- 업로드(Upload) : 다운받은 플러그인 파일을 업로드해서 설치
- 특성(Featured) : 추천 플러그인 목록
- 인기(Popular) : 가장 인기있는 플러그인 목록
- 최근(Newest) : 최근에 추가된 플러그인 목록
- 최근에 업데이트됨(Recently Updated) : 최근에 업데이트된 플러그인

검색을 통한 플러그인 설치하기

검색(Search) 방법으로 플러그인을 검색하고 설치해보겠습니다.

따라하기

01 대시보드에서 '플러그인 – 플러그인 추가하기' 메뉴를 클릭하면 검색창이 나타납니다. 찾고자 하는 검색어를 입력해봅니다.

검색창에 'facebook'이란 단어를 입력하고 [플러그인 검색] 버튼을 클릭합니다.

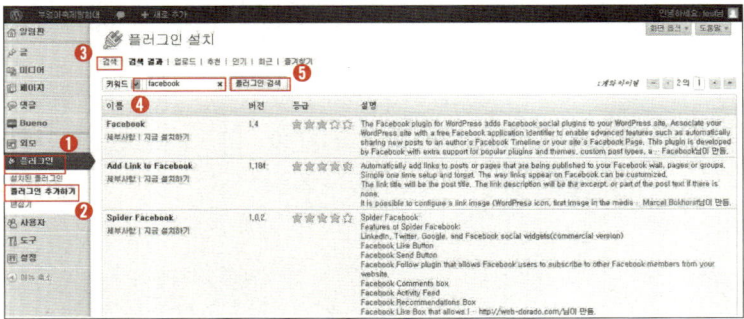

02 'facebook'과 관련한 플러그인이 검색됩니다. 검색 결과 페이지에서 가장 상단에 위치한 'Add Link to Facebook' 플러그인을 다운 받아보겠습니다. 'facebook' 플러그인 제목 밑에 있는 '지금 설치하기'를 클릭한 후 '이 플러그인을 설치하시겠습니까?' 창에서 [확인] 버튼을 클릭합니다.

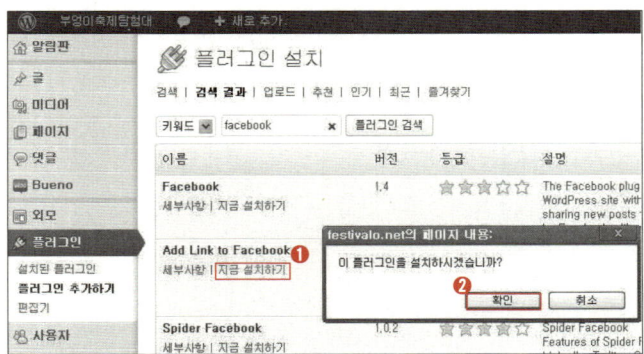

03 플러그인이 설치가 완료되면 [플러그인을 활성화] 버튼이 나타납니다. 플러그인이 워드프레스 사이트에 작동되어 활성화 상태로 변경됩니다.

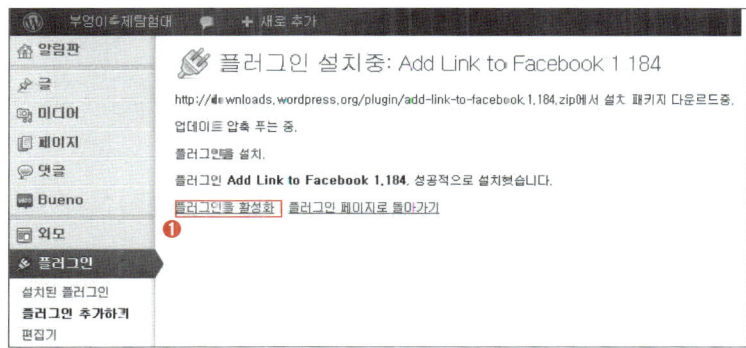

04 대시보드에서 '플러그인 - 설치된 플러그인' 메뉴를 선택하면 설치된 'Add Link to Facebook' 플러그인을 확인할 수 있습니다. 설치한 플러그인은 셋팅(Settings)해야 합니다. 셋팅 과정은 다음 과정에서 설명하겠습니다.

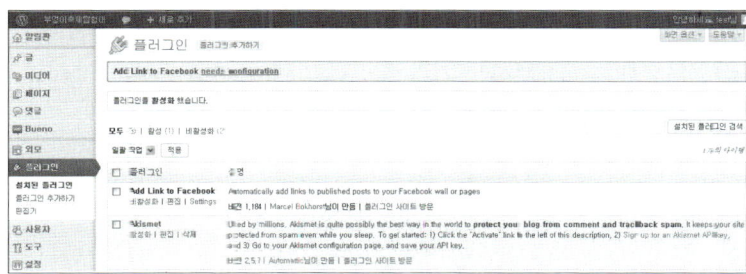

업로드를 통한 플러그인 설치하기

업로드(Upload)를 통해 플러그인을 설치해봅니다. 대시보드의 플러그인 검색에서 상위에 노출되지 않는 플러그인은 wordpress.org 사이트에서 미리 다운받아 설치해야 합니다. 앞에서 소개한 스마트폰 연동에 필요한 'WPtouch' 플러그인을 다운 받아서 설치 해 보도록 하겠습니다.

따라하기

01 wordpress.org(http://wordpress.org/plugins/wptouch/screenshots/) 사이트에 접속한 후 플러그인 탭에서 'wptouch'를 검색합니다. 다음과 같은 검색 결과 화면이 나오고 우측하단에서 다운받을 수 있는 배너와 현재 버전을 확인할 수 있습니다. [Download Version X.X.XX] 버튼을 클릭한 후 자신의 컴퓨터의 특정 폴더를 만들어서 저장합니다.

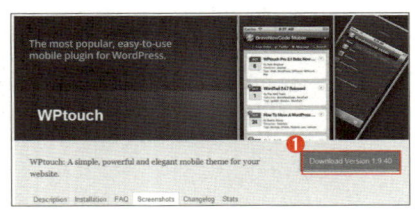

02 대시보드에서 '플러그인 – 플러그인 추가하기' 메뉴를 클릭한 후 '업로드'를 선택합니다.

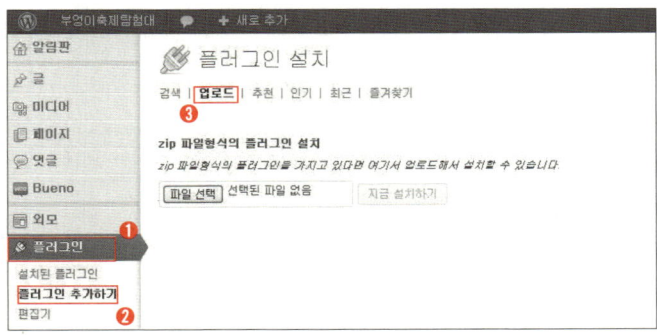

03 '업로드할 파일 선택' 창에서 플러그인 파일을 선택하고 [열기] 버튼을 클릭한 후 [지금 설치하기] 버튼을 클릭합니다.

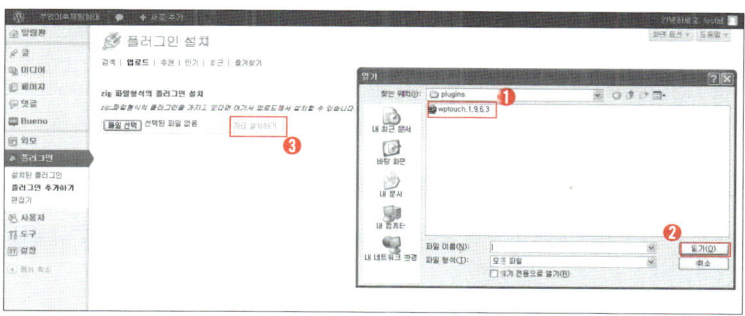

04 설치가 완료되었습니다. '플러그인을 활성화'를 클릭하면 플러그인 적용이 완료됩니다.

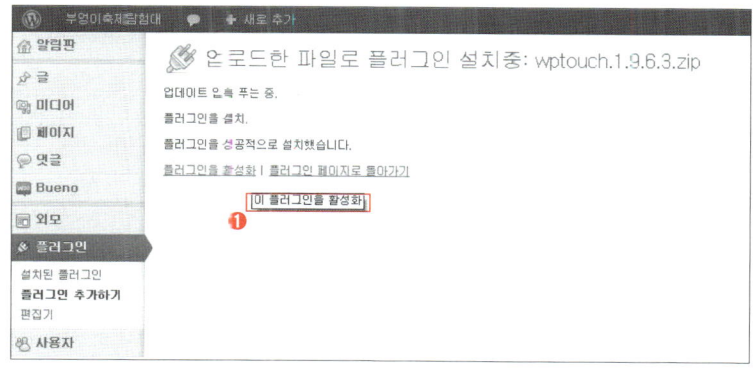

워드프레스에서 추천하는 인기 플러그인 설치하기

워드프레스 플러그인을 설치하려고 할 때 좋은 플러그인을 고르는 일은 상당히 많은 시간과 노력을 수반하게 합니다. 이런 경우 초보자들에게 가장 효율적인 플러그인 선택 방법은 워드프레스(wordpress.org)에서 추천하는 인기 플러그인 중 자신에게 필요한 것을 설치하는 방법입니다.

> **따라하기**

01 인기 플러그인을 검색하여 설치해보도록 합니다. 대시보드에서 '플러그인 – 플러그인 추가하기' 메뉴를 선택한 후 '플러그인 설치' 페이지 상단에서 '인기' 탭을 클릭합니다.

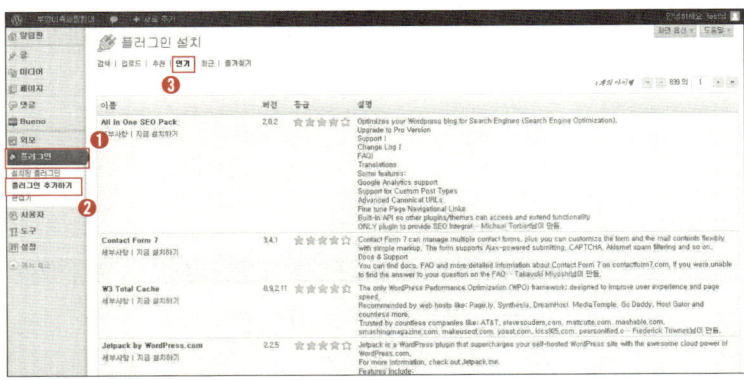

02 플러그인 설치 목록 중 'All in One SEO Pack' 플러그인을 설치해봅니다. 제목 아래 있는 '지금 설치하기'를 클릭합니다. '이 플러그인을 설치하시겠습니까?' 창에서 [확인] 버튼을 클릭합니다.

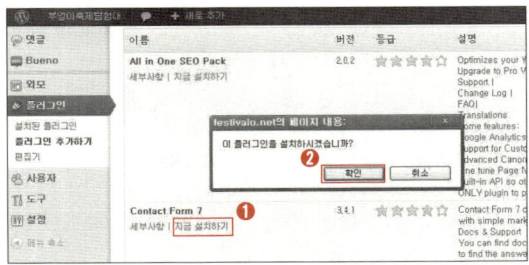

03 플러그인 설치가 완료되면 '플러그인을 활성화'를 클릭하여 워드프레스 사이트에 플러그인을 적용시킵니다.

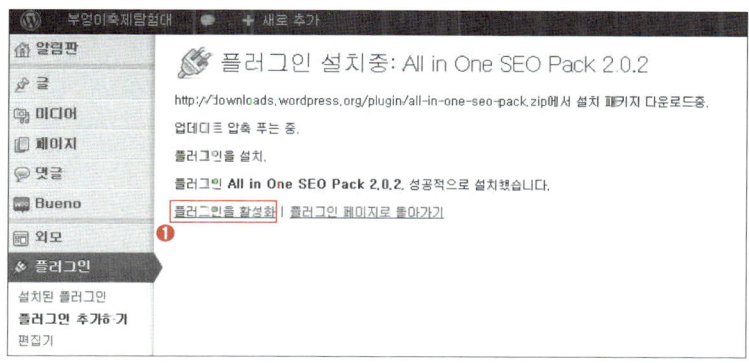

설치한 플러그인 설정하기

플러그인을 설치하는 방법에 대해서 알아보았습니다. 이번에는 설치한 플러그인을 설정하고 사이트에 적용하는 방법을 알아보겠습니다. 플러그인 중에는 별도의 설정이 필요 없는 플러그인과 별도의 설정이 필요한 플러그인이 있습니다. 이 장에서는 플러그인 설치 및 활성화만으로 기본설정이 되는 플러그인들(Wordpress SEO, Yet Another Related Posts Plugin, Dean's FCKEditor 등)은 제외하고 추가 설정이 필요한 플러그인들 위주로 설정 방법을 설명하도록 하겠습니다.

구글 xml 파일 검색 플러그인 설정하기

구글 xml 파일 검색 플러그인(Google XML Sitemaps)은 앞 과정에서 설치가 완료된 상태입니다. 만약 설치 전 상태라면 설치를 완료한 후 진행합니다.

따라하기

01 플러그인 설정은 대부분 대시보드의 왼쪽 메뉴 하단의 '설정' 메뉴에서 플러그인 명칭을 선택하면 진행할 수 있습니다. 대시보드에서 '설정 – XML-Sitemap' 플러그인을 메뉴를 선택합니다. 만약 'XML-Sitemap' 메뉴가 표시되지 않았다면 플러그인이 제대로 설치되지 않은 상태입니다. 구글 XML sitemaps 플러그인은 설치 후 기본 설정(Ⓐ)에서 수정할 항목이 없지만 기본옵션, 페이지 추가, 포스트 우선순위, 사이트 맵 파일의 위치, 사이트맵 내용, Excluded items (노출에서 제외시킬 카테고리), 수집 빈도 변경, 우선권 등을 설정할 수 있습니다.

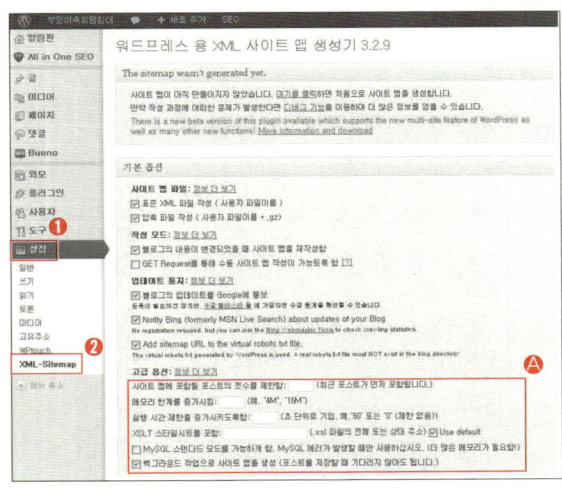

소셜 네트워크 서비스 연동 플러그인 설정하기

소셜 네트워크 서비스와 연동시키는 플러그인인 Sexybookmarks는 대시보드의 플러그인 메뉴에서 설정할 수 있습니다. Sexybookmarks는 Shareholic에서 만든 플러그인입니다.

Shareholic에서 설정할 수 있는 것은 다음과 같습니다.
- Status : Sexybookmarks Bar의 사용여부, 타사 SNS 사용여부 설정
- Enabled Networks : 소셜 네트워크 선택
- Additional Buttons : 추가버튼 설정
- Functionality Settings : 색상 지정 등 기능 설정
- Twitter Options : 트위터 설정 옵션
- Plugin Aesthetics : 플러그인 배경이미지 사용여부 설정
- Compatibility Settings : 호환성 설정
- Menu Placement : 메뉴 배치 설정

따라하기

01 대시보드의 '플러그인 – 설치된 플러그인' 메뉴를 선택합니다. '설치된 플러그인' 페이지에서 Shareholic 플러그인을 검색한 후 Shareholic 플러그인 하단의 'Setting'을 'Setting'을 클릭한 다음 화면에 나타난 sexybookmarks의 [Settings] 버튼을 클릭합니다.

02 Enabled Networks를 살펴보면, 전 세계 SNS 아이콘들이 있습니다. 현재 자신이 사용하고 있는 SNS의 체크 박스를 선택합니다.

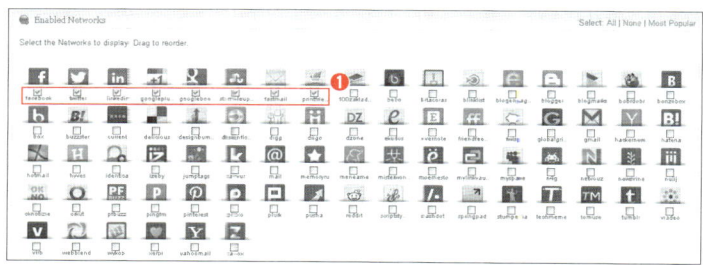

Chapter 03_ 워드프레스 무작정 따라하기   **153**

03 하단의 'Plugin Aesthetics' 영역에서는 배경이미지 사용여부와 디자인을 선택할 수 있습니다.

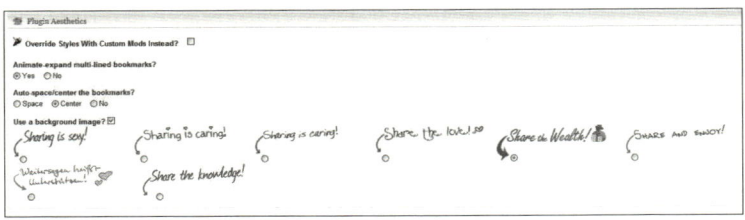

소셜 미디어 위젯 설치하기

소셜 미디어 위젯(Social Media Widget)은 대시보드의 테마 디자인의 있습니다. 위젯을 사이드바에 최상단에 설치 완료되었다고 가정하고 설정해보겠습니다.

따라하기

01 '테마 디자인 - 위젯' 메뉴를 선택하면 아래 그림(Ⓐ)과 같이 'Sildebar' 상단에 나타납니다. Social Media Wiget 배너의 드롭 버튼(▼)을 클릭하면 소셜 미디어 위젯 설정 페이지가 나타납니다.

• 위젯 실행 시 사이드바에 노출되는 소셜 미디어 위젯

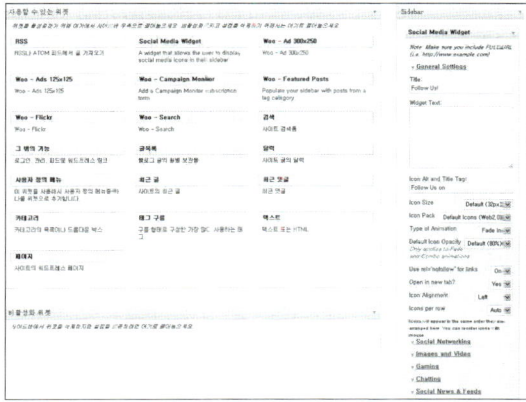

• Social Media Wiget 실행 화면

02 자신이 가입해서 활동 중인 소셜미디어 서비스의 URL값을 다음 그림과 같이 차례대로 입력한 후 우측 하단에 있는 [저장하기]를 클릭하면 설정이 완료됩니다.

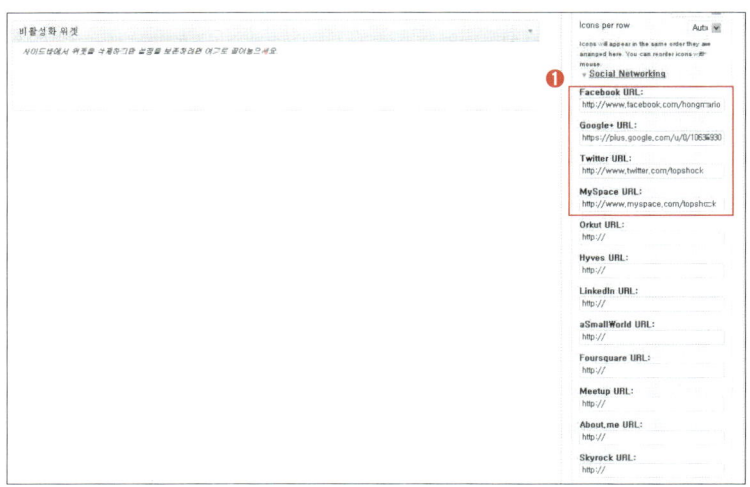

• Social Media Wiget 입력 화면

03 설정한 입력값을 확인하기 위해 사이트로 이동하면 다음 그림과 같이 Social Media Wiget 설정 페이지에서 설정한 소셜 네트워크 서비스 아이콘들이 사이드바 상단에 배치된 것을 확인할 수 있으며, 해당 버튼을 클릭하면 해당 소셜미디어 사이트로 이동됩니다.

・Social Media Wiget 설정 결과

스마트폰 연동 플러그인 설정하기

WPtouch는 스마트폰 연동 플러그인으로 많은 이용과 경쟁사가 거의 없을 정도로 막강한 기능을 구사하고 있습니다. WPtouch에서 무엇을 설정할 수 있는지 살펴보도록 하겠습니다.

따라하기

01 대시보드에서 '설정' 메뉴를 선택한 후 설치된 'WPtouch' 플러그인을 클릭합니다.

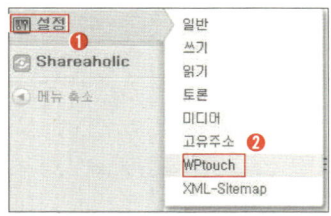

WPtouch 플러그인에서 설정할 수 있는 것들은 다음과 같습니다.
- General Settings : 언어, 홈페이지, 사이트제목 등을 설정합니다.
- Advanced Options : 고급옵션, 헤더에 카테고리나 태그 탭 사용 설정합니다.

- Push Notification Options : 알림 옵션을 설정합니다.
- Style & Color Options : 스타일 및 색상 선택을 설정합니다.
- Advertising, Stats & Custom Code : 광고 통계 및 사용자 지정 코드를 설정합니다.
- Default & Custom Icon Pool : 기본 또는 사용자 정의 아이콘 추가 설정합니다.
- Logo Icon // Menu Items & Pages Icons : 로고 아이콘과 메뉴 항목 및 페이지 아이콘을 설정합니다.

위의 내용을 바탕으로 몇 가지 옵션을 살펴보도록 합니다.

> 따라하기

01 General Settings에서는 'WPtouch Language'와 '홈페이지로 지정할 페이지'를 설정할 수 있습니다. Post listings Options은 캘린더 아이콘, 섬네일이미지 등을 선택할 수 있으며 포스팅 제목이나 글쓴이, 카테고리, 태그 등을 스마트폰에서 노출시킬지 여부를 설정할 수 있습니다.

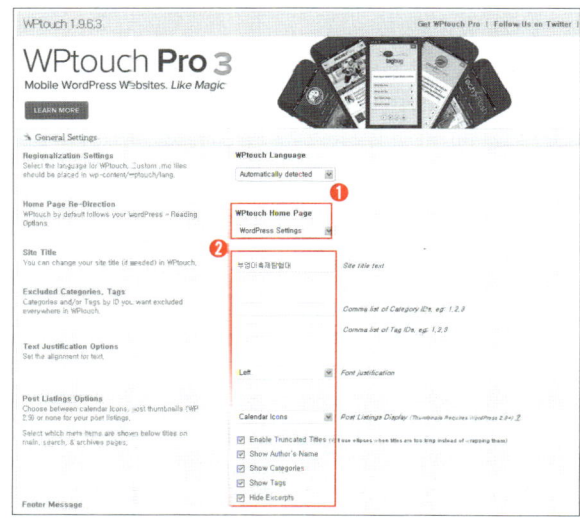

02 'Advanced Options'에서는 고급기능 및 WPtouch의 사용 가능한 옵션을 활성화 또는 비활성화 시킬 수 있습니다. 헤더 부분에 다른 기능 추가여부와 게시물에 대한 의견을 사용할 것인지를 설정합니다. 또한 댓글에서 Gravatar(그라바타)를 사용할 것인지에 대한 여부도 설정할 수 있습니다.

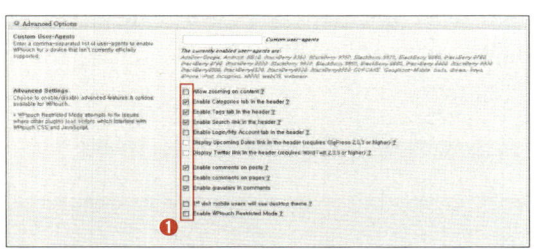

03 'Push Notification Options'에서는 댓글이나 메시지에 대한 알림옵션을 설정할 수 있습니다. 'Style & Color Options'은 배경과 게시물 글꼴을 설정하고 텍스트, 헤더 배경색 등을 설정할 수 있습니다. 'Advertising, Stats & Custom Code'는 구글 애드센스의 광고를 등록하고 설정할 수 있습니다.

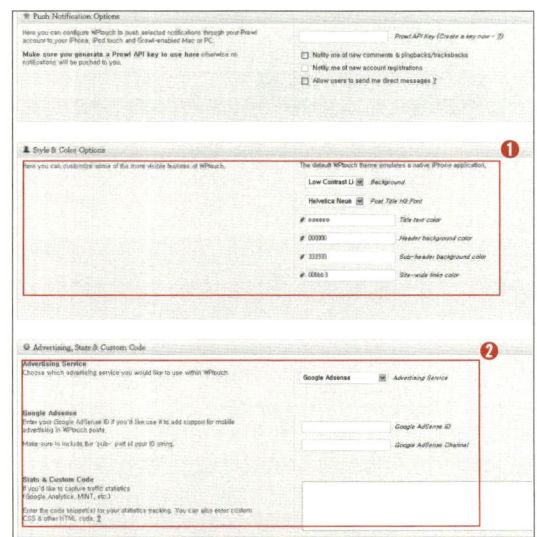

04 'Default & Custom Icon Pool'은 아이콘을 추가하거나 설정할 수 있는 영역입니다. 제공되는 아이콘을 선택하거나 아이콘을 직접 업로드해서 스마트폰에 바로가기 아이콘으로 사용할 수 있습니다. 포토샵을 이용하여 png 파일 형식으로 만든 'hongmario_icon.png' 파일을 추가해보겠습니다. 왼쪽하단에 보이는 [Upload icon]을 클릭한 후 자신의 만든 파일을 선택하면 그림과 같이 자신이 만든 아이콘(Ⓐ)이 등록됩니다. 선택한 파일이 아이콘 영역에 표시되면 왼쪽 하단에 있는 [Save option]을 클릭하여 리스트에 아이콘을 생성합니다.

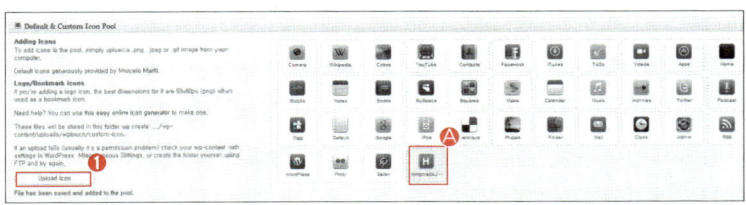

05 'Logo Icon // Menu Items & Pages Icons'에서는 로고로 사용할 아이콘을 선택하고 활성화시킬 항목을 선택하여 설정합니다. 모든 설정이 완료되면 왼쪽 하단에 있는 [Save Options] 버튼을 클릭합니다.

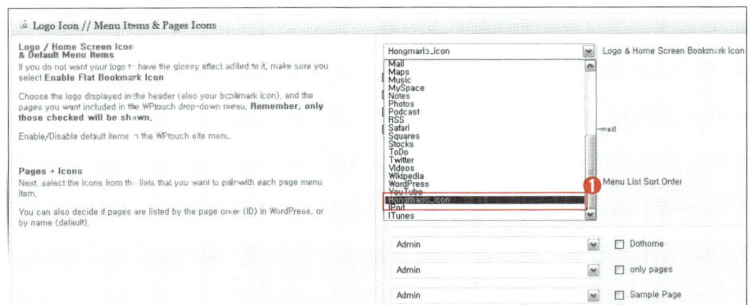

06 다음과 같이 스마트폰에서 확인이 가능합니다. 다음은 스마트폰(아이폰)에서 WPtouch 설정 후 자신의 사이트에 접속한 화면입니다.

 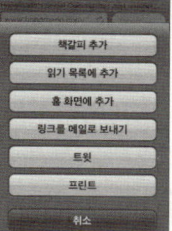 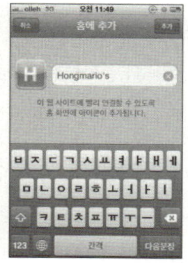 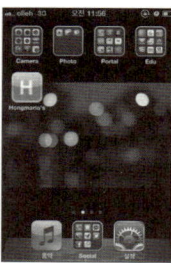

TIP

아이폰 추가방법
① 자신의 홈페이지 접속 화면 하단의 중간에 있는 아이콘을 선택합니다.
② [홈 화면에 추가] 버튼을 클릭합니다.
③ 우측 상단의 [추가] 버튼을 클릭합니다.
④ 아이폰 메인에서 파비콘을 확인합니다.

단, 안드로이드용 스마트폰은 대기화면에 단축메뉴를 추가합니다.

Nextgen gallery 플러그인 설정하기

Nextgen gallery는 갤러리 효과 플러그인 중 가장 인기 있는 플러그인으로 슬라이드효과 등 화려하고 다양한 효과를 연출할 수 있습니다. 여기서는 이미지 슬라이드 효과와 게시판 갤러리 효과를 설정해보도록 합니다.

따라하기

01 대시보드에서 'Gallery – Add Gallery/Image' 메뉴를 선택하면 'Upload Image' 페이지가 나타납니다. 이미지는 '파일

을 선택한 후 업로드', 'zip 파일로 업로드', '폴더 형식으로 업로드' 등 세 가지 방법으로 업로드할 수 있습니다.

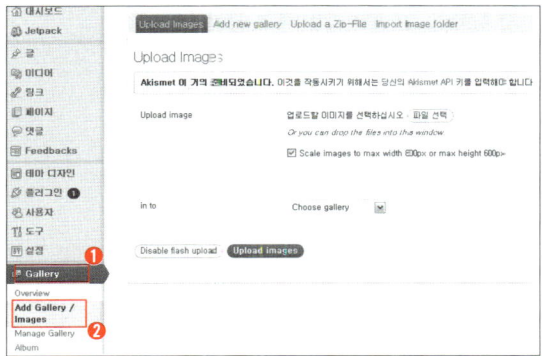

02 세 가지 방법 중 한 가지를 선택해 이미지 파일을 올려보겠습니다. 'Add new gallery' 탭을 클릭한 후 갤러리 제목을 입력하고 하단의 [Add gallery] 버튼을 클릭합니다.

03 'Upload Images' 또는 'Upload a Zip-File' 탭을 선택한 후 이미지를 업로드하고 'in to'에서 만들어놓은 갤러리 제목을 선택합니다.

04 'Gallery – Manage Gallery' 메뉴를 선택한 후 'Galleries' 페이지에서 추가된 갤러리 목록을 확인합니다. 각각의 이미지 정보를 편집할 갤러리를 클릭합니다.

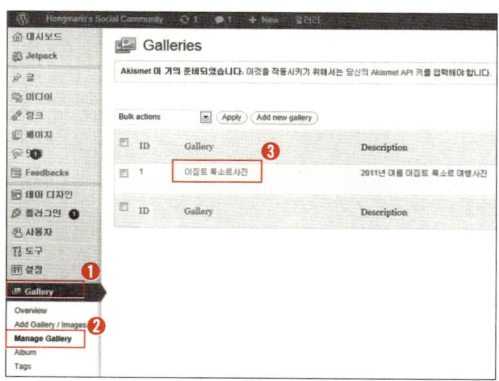

05 해당 갤러리(Ⓐ)에 페이지가 나타나면 각각의 이미지에 제목과 설명, 태그 등을 입력할 수 있는 페이지가 나타납니다. 각각의 이미지 정보를 입력한 후 이미지를 선택하여 액션을 설정합니다.

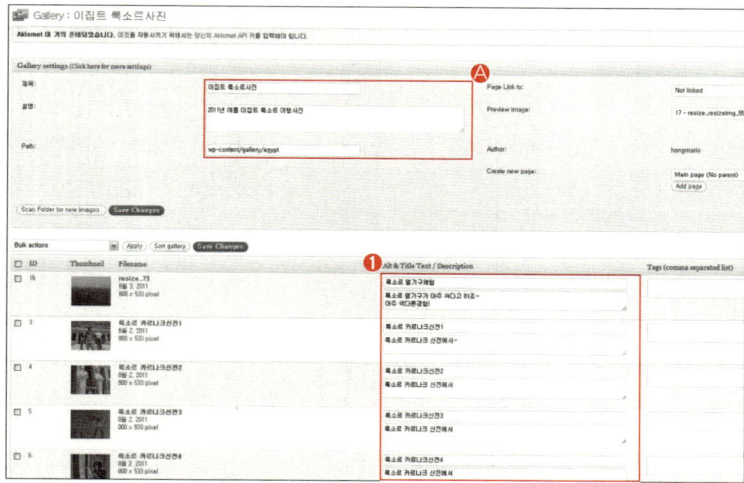

06 내용과 액션을 모두 설정했다면 [Save Changes] 버튼을 클릭합니다. 이제 설정한 상태로 슬라이드쇼를 적용해보겠습니다.

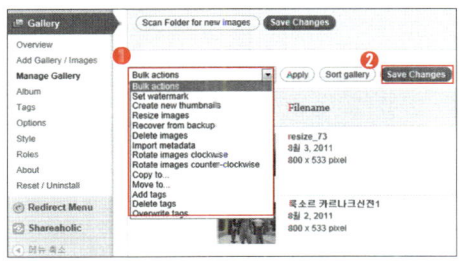

07 'Gallery - Options' 메뉴를 선택합니다.

• Nextgen gallery Options에서 'Slideshow' 선택 시 화면

08 가장 우측에 있는 'Slideshow' 탭을 선택합니다. 사이즈와 지속시간, 효과 방법 등을 설정합니다. 그리고 슬라이드쇼를 적용하기 위해 필수적인 'JW Image Rotator'를 설정합니다. 설정을 위해서 'JW Image Rotator' 링크를 클릭해 사이트에 접속합니다.

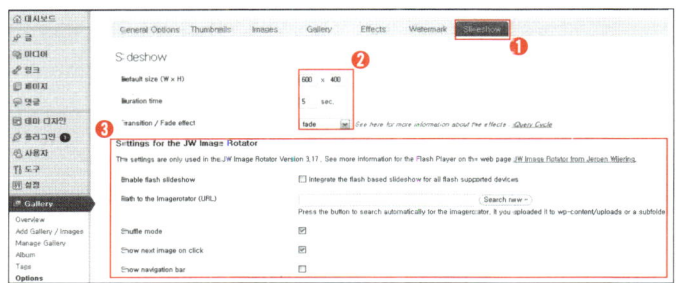

09 사이트 메인 화면에 보이는 공란에 자신의 이메일 주소를 입력하고 [Download the Image Rotator] 버튼을 클릭해서 파일(imagerotator.zip)을 다운 로드합니다.

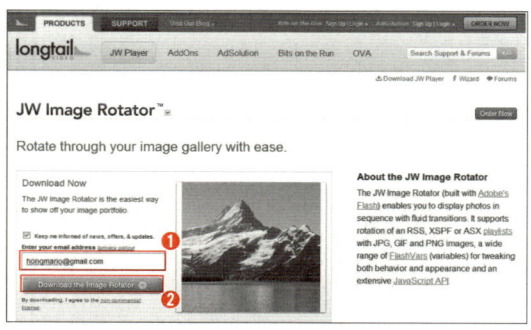

10 다운로드 한 파일의 압축을 푼 후 대시보드에서 '미디어 – 파일올리기' 메뉴를 선택합니다. '미디어 라이브러리' 페이지에서 [파일 올리기] 버튼을 클릭한 후 '새 미디어를 업로드' 페이지에서 [파일 선택] 버튼을 클릭합니다. '열기' 창에서 'imagerotator.swf' 파일을 선택하여 업로드합니다.

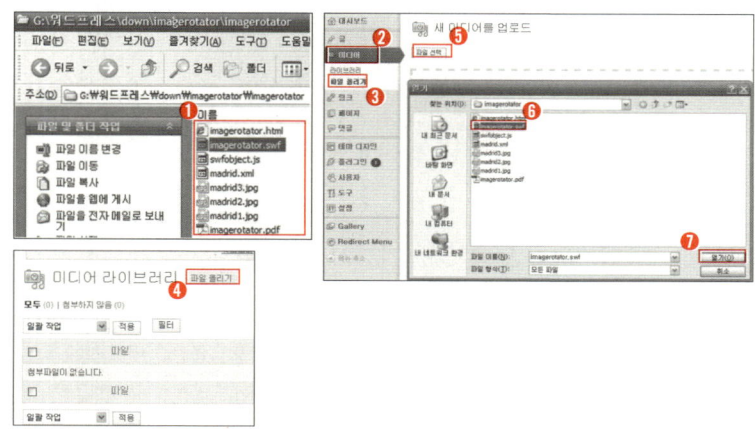

11 'Imagerotator.swf' 파일 업로드가 완성되면 다음과 같이 이미지 정보를 입력하는 공간이 나타납니다. 파일 경로(URL)를 선택한 후 마우스 오른쪽 버튼을 클릭합니다. '복사' 메뉴를 선택하여 파일 경로를 복사합니다.

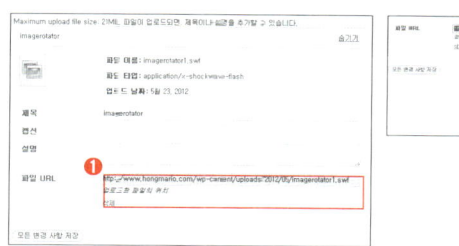
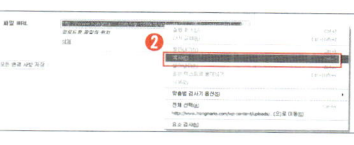

12 'Gallery - Options' 메뉴를 선택한 후 'Slideshow' 메뉴를 선택합니다. 'Fath to the imagerotator (URL)' 입력 상자에 복사한 파일 경로(URL)를 붙여 넣습니다. 이제 슬라이드쇼를 구현을 위한 플래시 파일 설치가 완료되었습니다.

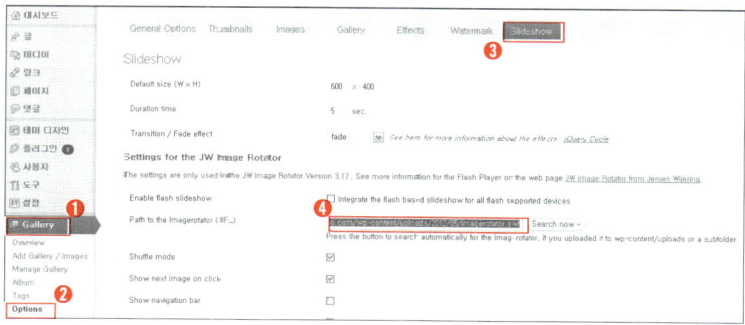

13 이미지 사이즈와 노출시간 등 슬라이드 쇼에 필요한 다른 설정까지 모두 마쳤다면 이제 포스팅에 삽입해보도록 합니다. 대시보드에서 '글 - 새 글 쓰기' 메뉴를 선택한 후 글 제목과 내용

을 작성한 후 이미지가 들어갈 영역에서 Nextgen 아이콘(📷)을 선택합니다. 게시글 작성 및 본문이미지 삽입 방법은 'Chapter 03의 게시글 작성하기'를 참조합니다.

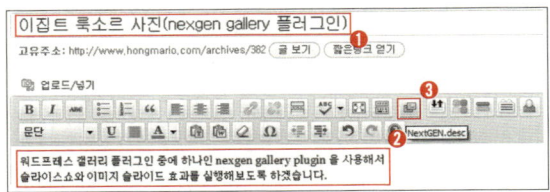

14 'Nextgen Gallery' 팝업창이 나타납니다. 'Gallery' 탭을 선택한 후 삽입할 갤러리명을 선택하고 'Show as'에서 세 가지 노출 방법 중 한 가지를 선택합니다. 여기서는 'Slideshow' 라디오 버튼을 클릭한 후 [Insert] 버튼을 클릭합니다.

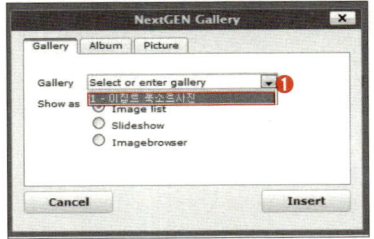 

15 글 편집 창에서 다음과 같이(Ⓐ) 입력되면 어떻게 보이는지 본문에서 확인합니다.

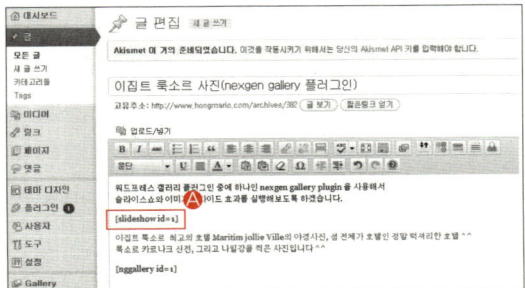

16 적용된 슬라이드 쇼는 5초 동안 보이며 슬라이드 하단에 썸네일로 이미지 리스트가 보이도록 적용되어 있습니다. 아래 이미지 목록 중 하나를 클릭하면 다음 화면과 같이 팝업창이 나타나고, 이전(**A**), 이후(**B**) 단계로 이동할 수 있는 링크가 자동으로 만들어집니다. 이와 같은 방법으로 이미지에 다양한 효과를 주어 포스팅을 더욱 재미있고 풍부하게 표현해보도록 합니다.

• Nextgen gallery 슬라이드쇼 & Image list 적용 화면

Jetpack 플러그인 설정하기

Jetpack 플러그인은 웹로그를 분석하는데 최적화된 도구로 사이트 방문자수 또는 페이지뷰 등의 통계를 한 눈에 볼 수 있습니다. 워드프레스에서도 플러그인으로 적용하여 사이트 마케팅 또는 운영에 활용합니다.

따라하기

01 워드프레스 사이트(wordpress.com)에 접속한 후 'Get started here' 버튼을 클릭합니다. 단, wordpress.com에 회원가입 되어 있어야 합니다.

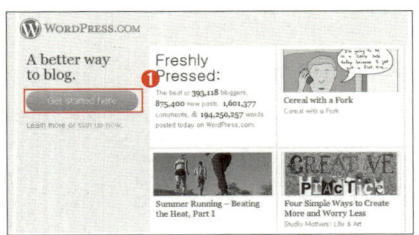

02 회원가입 화면이 나타나면 아래와 같이 내용을 입력하고 무료 버전인 'Create Blog' 버튼을 클릭합니다.

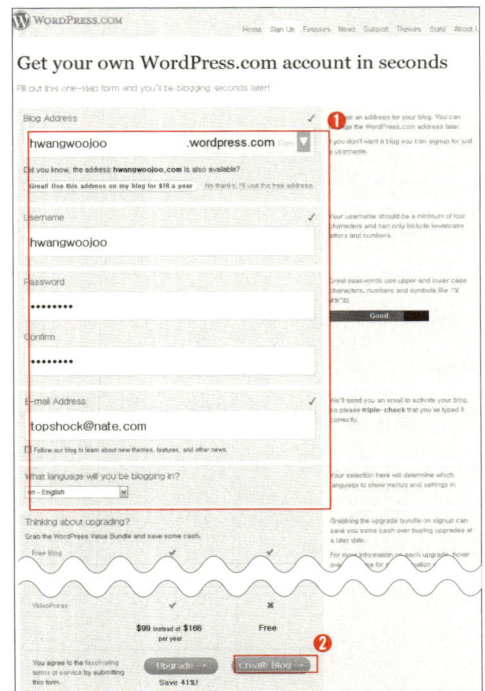

03 자신이 입력한 이메일 서비스에서 받은 이메일 내용을 확인하고 본문의 [Activate Blog]를 클릭합니다.

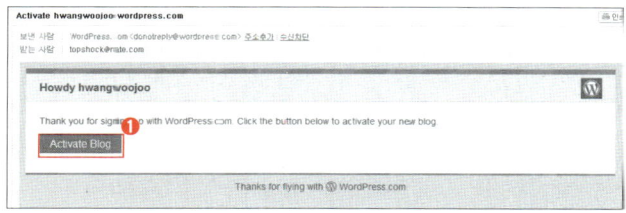

04 다음 그림과 같이 계정이 생성되었습니다. 사이트 화면에 보이는 테마는 선택하지 말고 대시보드로 이동합니다.

05 대시보드에서 Jetpack 플러그인을 앞에서 소개한 방법으로 설치를 합니다. 설치가 완료되면 Jetpack은 대시보드 메뉴 가장 상단에 위치하며, 'Jetpack - Jetpack' 메뉴를 선택합니다.

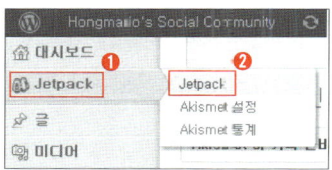

06 'Jetpack' 페이지에서 'Connect to Wordpress.com' 버튼을 클릭합니다.

07 로그인 창에서 가입 시 작성한 아이디와 비밀번호를 입력하면 권한이 부여되고 Jetpack에 관한 설정이 완성됩니다.

08 Jetpack으로 어떻게 사이트의 통계를 확인하는지 알아보도록 하겠습니다. Jetpack 플러그인의 설치가 완료된 상태에서 대시보드의 Jetpack를 선택하면 아래그림과 같이 'Site Stats' 메뉴가 생성됩니다. 'Jetpack-Site Stats' 메뉴를 클릭합니다.

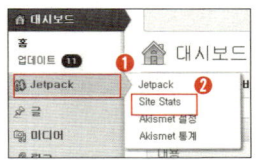

09 사이트 통계 페이지가 나타납니다. 사이트 통계 페이지에서는 일자별, 주말별, 월별 사이트의 트래픽, 검색 엔진, 포스트와 페이지의 클릭률 등을 확인할 수 있습니다. 원하는 날짜를 클릭하면 선택한 날의 상세한 통계결과를 확인할 수 있습니다.

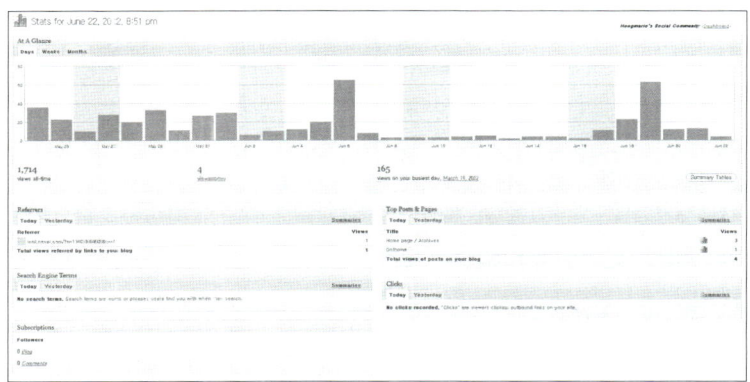

버디프레스 & 비비프레스 플러그인 설정하기

버디프레스(Buddypress)와 비비프레스(BBpress)는 워드프레스에서 유저들과의 커뮤니티를 형성하여 다양한 네트워킹과 커뮤니케이션을 생성시킬 수 있는 프로그램입니다. 특히, 버디프레스는 소셜 네트워킹 서비스와 연동하여 다양한 그룹을 형성할 수 있어서 버디프레스 전용 테마도 출시된 인기 플러그인입니다.

버디프레스 설정하기

버디프레스(Buddypress.org)는 워드프레스를 커뮤니티 플랫폼으로 바꿔주는 플러그인입니다. 개인 프로필, 친구 맺기, 그룹, 포럼, 뉴스피드와 같은 기본적인 SNS 기능들을 손쉽게 구현할 수 있습니다. 버디프레스는 플러그인이지만 개념은 플러그인보다 훨씬 방대합니다. 버디프레스 사용 시 주의할 점은 버디프레스에서 제공하는 디폴트 테마 또는 버디프레스용 테마를 사용하여야 합니다. 즉, 쉽게 구입할 수 있는 유료 테마에는 적용이 되지 않습니다.

국내에 버디프레스를 적용한 사이트가 몇 개 있습니다. 먼저 Social Experience LAB 사이트(http://socialexperiencelab.com/)를 살펴보겠습니다. Social Experience LAB 사이트는 회원가입 섹션, 그리고 그룹, 포럼, 회원 등으로 구분되어 있습니다. 회원가입은 페이스북 연동 또는 직접 가입이 가능하고 그룹 및 포럼 등 다양하게 나누어서 회원 간 소통이 잘 이루어지고 있습니다.

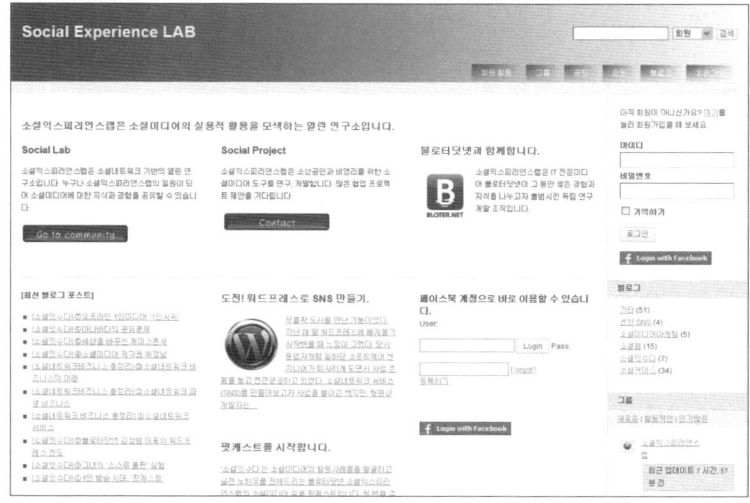

• Social Experience LAB 사이트

다음은 버디프레스 기본으로 만든 가장 활성화된 국내 사이트인 코리아닷컴 영문 홈페이지(http://en.korea.com)를 살펴보겠습니다. 코리아닷컴 영문 홈페이지는 상당히 활성화 되어 있습니다. 특히, 버디프레스로 만들어진 팬클럽 페이지는 상당수의 국내 한류 스타 팬클럽들이 형성되어 있으며, 팬클럽 운영자는 대부분 외국 사람이 직접 운영하고 있습니다. 워드프레스로 만들어진 팬클럽 그룹들은 외국 운영자가 직접 꾸밀 수 있어 다양한 형태로 구현되고 있습니다. 그림2의 샤이니 팬클럽 홈페이지는 국내 커뮤니티가 가지고 있는 대부분의 기능을 구현하고 있습니다. 공지, 뉴스, 이미지, 토크 등 특히, 페이스북 댓글이 약 250여개로 소셜 네트워크 서비스와의 잘 연동되고 있습니다.

• 그림1 코리아닷컴 영문 홈페이지

• 그림2 코리아 닷컴 샤이니 팬클럽 홈페이지

비비프레스

비비프레스(BBpress)는 포럼 게시판 같은 형식으로 하나의 주제에 댓글을 주고받는 방식의 게시판입니다. 버디프레스가 회원가입과 SNS연동 등의 기능을 가지고 있는 것과 비교 되며, 테마와 관계없이 적용이 됩니다.

비비프레스는 공식사이트(http://bbpress.org/)에서 다운받아서 플러그인 설치 방식으로 설치하면 쉽게 구현이 가능합니다. 다음 그림은 필자가 운영하고 있는 'Web6.co.kr' 사이트에 비비프레스를 적용한 화면입니다.

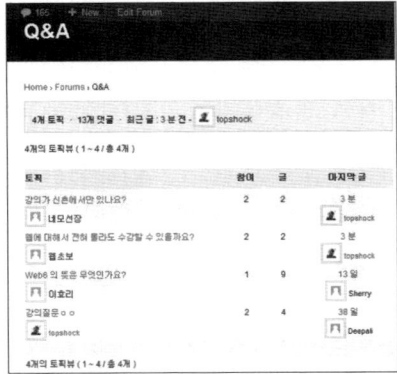

- 비비프레스 기본을 그대로 적용한 Web6사이트의 Q&A 게시판

03
카테고리 만들고 게시글 작성하기

지금까지 대시보드의 기본 기능 익히기와 테마설치 및 플러그인 설치 그리고 활용법에 대해서 살펴보았습니다. 이제부터는 홈페이지에서 가장 중요한 콘텐츠를 만드는 방법과 카테고리와 설치한 플러그인을 어떻게 사이트에 나타나게 방법 등을 알아보도록 하겠습니다.

카테고리 만들기

사이트의 카테고리를 만들고 설정해봅니다. 카테고리 영역은 카테고리의 생성과 삭제가 가능한 곳입니다. 일단 만들고 싶은 카테고리 목록을 모두 생성합니다. 상·하위 카테고리를 나누는 것은 '테마 디자인 – 테마 옵션'의 메뉴 영역에서 페이지와 조정하는 것이 수월하기 때문에 여기에서는 목록에 들어갈 카테고리만 생성합니다. 단, 원활한 메뉴 생성을 위해 'Chapter 02. 메뉴설계'에서 살펴본 메뉴 구성을 카테고리 설정에 맞게 다시 한 번 살펴봅니다. 일반적으로 3Depth(대분류 – 중분류 – 소분류)까지 하위 개념을 설정하므로 아래의 구성표를 참고하시기 바랍니다.

1Depth	2Depth	3Depth
Community	커뮤니티특징	취미활동
		교육활동
		정보교류
	커뮤니티노하우	–
	커뮤니티모임	–
SNS, Wordpress	워드프레스	–
	소셜네트워크	–
Music Video	팝송뮤비	–
	재즈뮤비	–
	기타뮤비	–

1Depth	2Depth	3Depth
Restaurant	서울맛집	-
	지방맛집	-
	기타맛집	-
World Travel	유럽여행	-
	아프리카여행	-
	아시아여행	-

• 표. 카테고리 구성

카테고리 대분류 만들기

우리가 만들어야 할 카테고리는 1Depth(대분류), 2Depth(중분류), 3Depth(소분류)로 구분되어 있습니다. 여기서는 'Community' 대분류와 '커뮤니티특징' 중분류를 만들어보겠습니다. 대분류와 중분류를 만드는 방법을 습득하면 나머지 카테고리는 동일한 방법으로 만들 수 있습니다.

따라하기

01 카테고리를 만들기 위해서는 대시보드에서 '글 – 카테고리' 메뉴를 선택합니다.

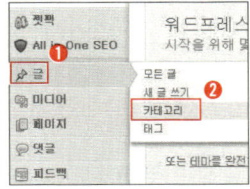

02 카테고리 선택 시 카테고리 이름, 슬러그, 상위 카테고리 유무 선정, 카테고리 설명 등을 작성합니다. 여기서는 1 Depth 메뉴명인 'Community'를 입력하고, 슬러그에는 'Community'라고 입력하겠습니다. 상위는 '없음'을 선택합니다. 그 이유는 현

재 1 Depth 메뉴명을 입력하기 때문에 상위는 [없음]을 선택해야 하며, 2 Depth 메뉴명이나 3 Depth 메뉴명일 경우에는 상위 메뉴명을 선택해야 합니다. '설명'란은 빈 공란을 두거나 카테고리의 특징을 간단하게 작성합니다. 각 항목들을 작성한 후 [새 카테고리 추가하기] 버튼을 클릭하면 우측 카테고리 목록에 'Community' 카테고리가 만들어진 것을 확인할 수 있습니다.

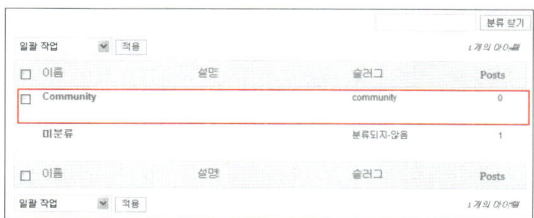

용어이해_ 슬러그란?

슬러그(slug)는 도메인을 표시할 때 카테고리와 연관된 단어를 입력하면 도메인주소만 보아도 어떤 주제의 글인지 쉽게 알 수 있게 하는 기능입니다.

03 'Community' 대분류 카테고리의 하위 카테고리인 '커뮤니티 특징' 카테고리를 만들기 위해서는 대시보드에서 '글 – 카테고리들' 메뉴를 선택합니다. 카테고리 페이지에서 '이름', '슬러그'를 작성하고 상위 항목은 드롭 버튼(▼)을 클릭하여 'Community' 대분류를 선택한 후 [새 분류 추가하기] 버튼을 클릭합니다.

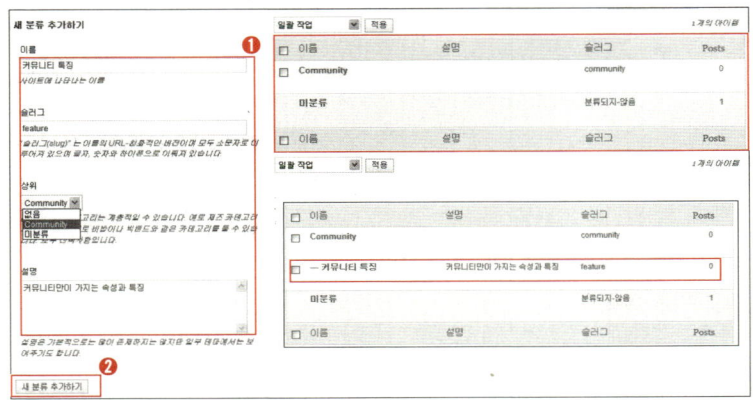

04 위와 같은 방법으로 다음과 같이 '표. 카테고리 구성'의 1Depth(대분류), 2Depth(중분류), 3Depth(소분류)를 완성시킵니다. 이제 글을 작성할 때 내용에 맞는 카테고리를 선정할 수 있으며, 중복 선택도 가능합니다. 위 과정에서 생성된 카테고리들은 아직 사이트에서 보이지 않습니다. 사이트에 카테고리를 노출 시키는 것과 카테고리 순서를 상하로 변경하는 작업은 'Chapter 03의 메뉴 설정하기'에서 설명하겠습니다.

게시글 작성하기

워드프레스에서 글을 작성하기 위해서는 대시보드의 '새 글쓰기' 메뉴를 이용합니다. 대시보드에서 새로운 글을 작성해보겠습니다.

따라하기

01 대시보드에서 '글 〉 새 글 쓰기' 메뉴를 선택합니다. '새 글 쓰기' 페이지에서 글의 제목과 내용을 입력합니다. Tags 입력란에는 글과 관련된 태그를 작성한 후 [추가] 버튼을 클릭해야 합니다. 필요에 따라 메인 이미지를 선택하고 본문 안에 이미지를 삽입합니다. 이미지 삽입은 다음 단계에서 진행하겠습니다.

글이 등록 될 카테고리를 설정한 후 [공개하기] 버튼을 클릭하면 글 작성이 완료됩니다.

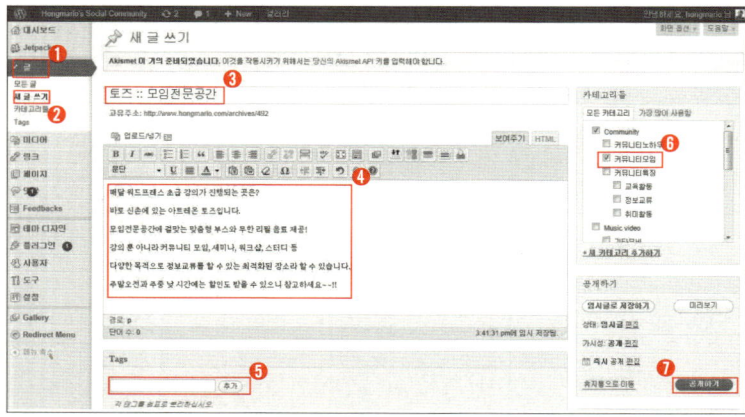

02 대시보드에서 '글 – 모든 글' 메뉴를 선택하면 공개한 글 목록이 표시됩니다. '글 제목'을 클릭하면 글을 편집할 수 있고 '편집, 화면 편집'을 클릭하면 글 내용을 수정할 수 있습니다. '휴지통'을 클릭하면 글을 삭제할 수 있습니다. 게시글을 완료한 후 대시보드 좌측 상단에서 '사이트 보기' 메뉴를 선택한 후 사이트에서 등록된 카테고리(여기서는 '커뮤니티모임')를 클릭하면 공개한 글을 확인할 수 있습니다.

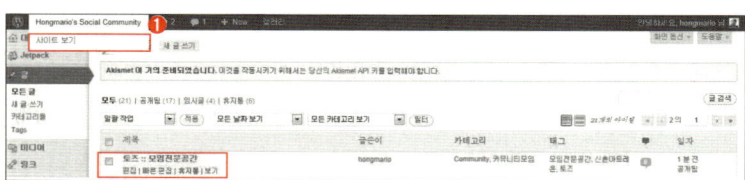

03 작성한 전체 글을 볼 수 있습니다.

게시글에 이미지 삽입하기

게시글에 이미지가 포함되면 글의 가독성이나 전달 효과가 높아집니다. 여기서는 게시글에 이미지를 넣고, 메인 화면에 노출될 대표이미지를 설정해보겠습니다. 게시글에 이미지 파일을 첨부하는 방법에는 '컴퓨터에서', 'URL에서', '미디어 라이브러리' 등 세 가지 방법이 있습니다. 세 가지 방법에 대해서 알아보겠습니다.

이미지 파일 삽입하기

내 컴퓨터에 저장된 이미지 파일을 게시글에 첨부시켜보겠습니다.

> **따라하기**

01 '글 – 모든 글' 메뉴를 선택합니다. 글 목록에서 이미지 파일을 첨부시킬 글에 마우스를 위치시킨 후 '편집'을 클릭합니다.

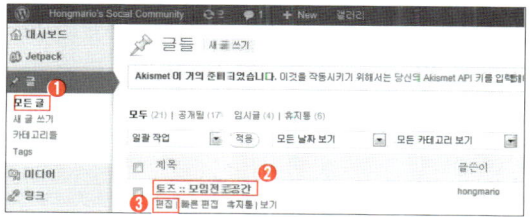

02 '글 편집' 페이지에서 글편집 창 상단의 미디어추가( ) 아이콘을 클릭합니다.

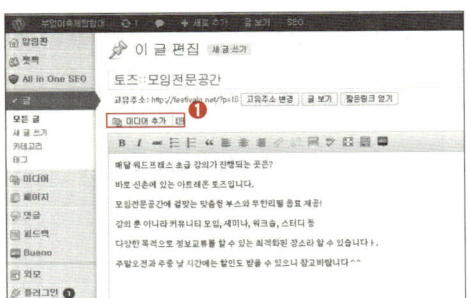

03 '미디어 추가(Add Media)' 창이 나타나면 다음 세 가지 방법으로 이미지 파일을 불러올 수 있습니다. 여기서는 '미디어삽입' – '파일 업로드' 탭을 선택한 후 [파일을 선택하세요] 버튼을 클릭하고 '열기' 대화상자에서 PC에 저장해 둔 이미지 파일을 선택하고 [열기] 버튼을 클릭합니다.

- 컴퓨터에서(From Computer) : 내 컴퓨터에 있는 이미지 파일을 불러옵니다.
- URL에서(From URL) : 이미지의 고유 URL을 입력하면 이미지 파일이 로딩되어 보입니다.
- 미디어 라이브러리(Media Library) : 미디어 라이브러리에 저장되어 있는 파일을 불러올 수 있습니다.

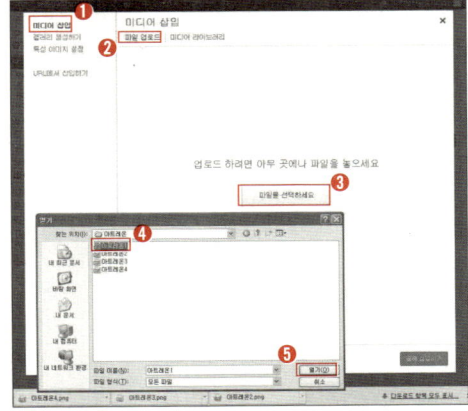

04 이미지의 타이틀과 정렬, 사이즈 등을 조절하고 정보를 저장합니다. 저장한 이미지는 미디어 라이브러리에 입력됩니다. 이 때 이미지 크기를 전체로 설정할 경우 테마에 따라 본문 영역 밖으로 돌출될 수 있기 때문에 주의해야 합니다. 이미지 설정의 크기는 '첨부 표시 설정 - 크기' 메뉴를 선택한 후 결정할 수 있습니다. 이미지 정보를 입력하고 [본문 삽입] 버튼을 클릭합니다.

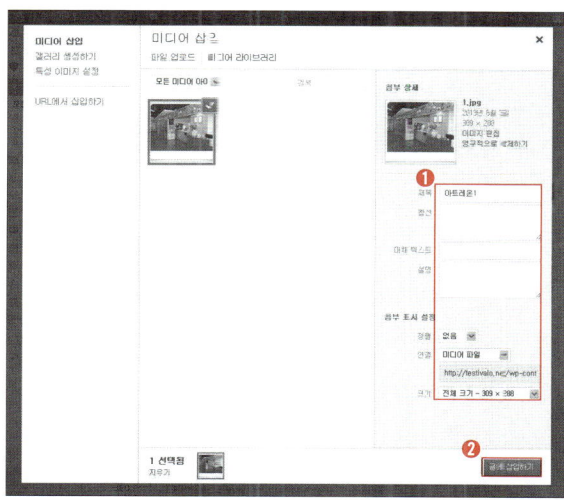

05 대시보드에서 [업데이트] 버튼을 클릭합니다.

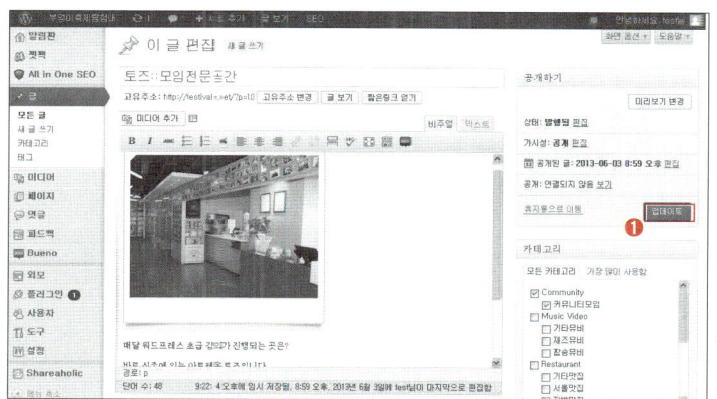

알/아/두/기

▶ '미디어 편집' 창의 구성 요소

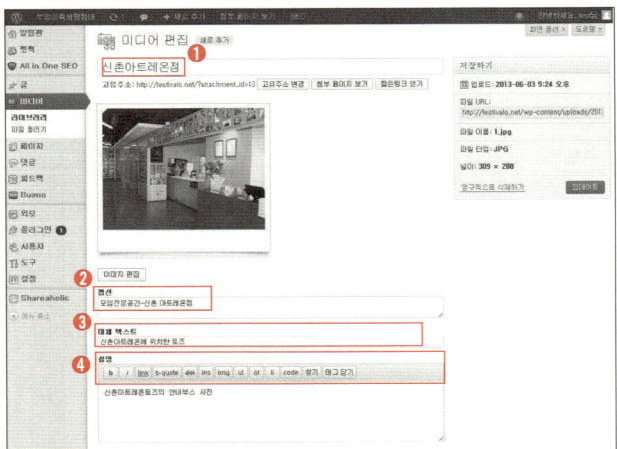

❶ 제목(Title)
  이미지에 마우스를 위치시키면 입력한 항목이 제목으로 출력됩니다.
❷ 캡션(Caption)
  대부분의 테마는 이미지 하단에 제목이 나오도록 되어 있으며, 그 부분에 출력됩니다.
❸ 대체 텍스트(Alternate Text)
  해당 이미지에 연결이 안 될 경우 'x' 박스로 표시되는데, 이 때 'x' 표시 옆에 제목으로 출력됩니다.
❹ 설명(Description)
  이미지에 대한 설명입니다.

06 사이트에서 게시글을 선택하면 게시글 본문에 이미지가 삽입된 것을 확인할 수 있습니다. 이미지 우에 마우스를 위치시키면 사이트 하단에서 이미지의 링크 URL을 확인할 수 있습니다.

이미지 경로 삽입하기

웹상의 이미지 경로를 이용하여 게시글 본문에 이미지를 삽입해보겠습니다.

> 따라하기

01 URL에서 이미지를 불러와 본문에 삽입하는 방법을 이용하여 약도 이미지를 삽입해보겠습니다. '미디어 추가' 대화상자에서 'URL에서 삽입하기' 탭을 선택합니다. 이미지를 선택한 후 불러올 이미지의 웹 주소(URL)를 입력합니다. 복사한 URL을 붙여넣기 하고 제목, 대체텍스트, 캡션, 정렬은 '컴퓨터에서' 방법으로 삽입하는 방법과 동일한 방법으로 설정합니다. 여기서 이미지 연결은 이미지를 클릭했을 때 이동하는 링

크 URL을 의미하며, 비워둘 경우 이미지만 출력됩니다. 입력을 완료한 후 [글에 삽입하기] 버튼을 클릭합니다.

TIP

마우스 오른쪽 버튼으로 이미지를 클릭하면 '속성' 창이 나타납니다. '속성' 창에서 주소 (URL, Ⓐ)이 웹상의 이미지 주소입니다.

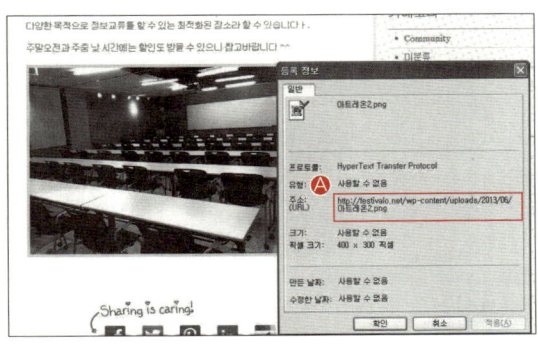

02 본문에 이미지가 삽입됩니다. 대시보드에서 [업데이트] 버튼을 클릭합니다.

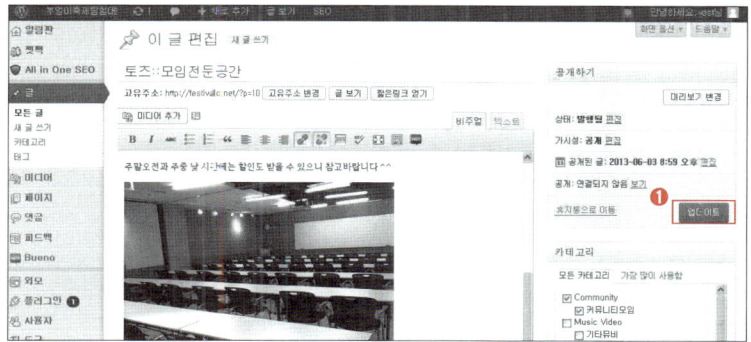

03 대시보드 좌측 상단에서 '사이트보기' 메뉴를 선택하여 이미지를 삽입한 게시물 본문 내용을 확인합니다.

미디어 라이브러리에 이미지 등록하고 본문에 삽입하기

게시글 본문에 '미디어 라이브러리' 방법으로 이미지를 삽입하기 위해서는 우선 삽입할 이미지가 '미디어 라이브러리'에 업로드되어 있어야 합니다. 우선 미디어 라이브러리 등록하는 방법을 알아보도록 하겠습니다.

> **따라하기**

01 대시보드에서 '미디어 – 파일올리기' 메뉴를 선택합니다. '새 미디어를 업로드' 페이지에서 [파일을 선택하세요] 버튼을 클릭한 후 '파일 선택' 창에서 업로드할 이미지 파일들을 선택한 후 [열기] 버튼을 클릭합니다.

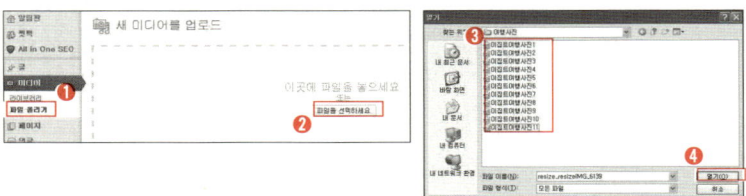

02 [모든 변경 사항 저장]을 클릭하면 파일 업로드되며, 미디어 라이브러리의 파일 목록 화면이 보입니다. 또한 미디어 라이브러리는 대시보드에서 '미디어 – 라이브러리' 메뉴를 선택하면 '미디어 라이브러리' 목록 페이지에서 확인할 수 있습니다.

03 미디어 라이브러리에 이미지 등록이 완성되었습니다. 대시보드에서 '글 – 모든글' 메뉴를 선택한 후 이미지를 삽입할 게시글에 마우스를 위치시킨 후 게시글 하단의 '편집' 항목을 클릭합니다.

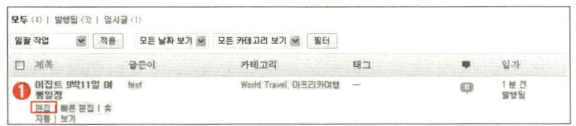

04 '글 편집' 페이지에서 글편집 창 상단의 [디디어 추가] 버튼을 클릭합니다. '미디어 추가' 창에서 '미디어 라이브러리' 탭을 클릭하면 미디어 라이브러리에 등록된 이미지 목록이 보입니다.

05 삽입할 이미지를 선택하고 캡션, 대체텍스트, 설명 등을 필요에 따라 내용을 작성한 다음 [글에 삽입하기] 버튼을 클릭합니다.

사이트 대표 이미지 설정하기

사이트 메인 화면의 카테고리 목록에 노출될 대표 이미지를 설정하는 방법에 대해서 알아보겠습니다.

따라하기

01 대시보드에서 '글 – 새 글 쓰기' 메뉴를 선택하여 새글을 작성합니다. 또는 '글 – 모든 글' 메뉴를 선택한 후 '글 편집' 화면에서 본문 내용을 입력하고 사이드 바 하단의 '추천 이미지(Ⓐ) 또는 특성 이미지' 탭의 '특성이미지 설정'을 클릭합니다.

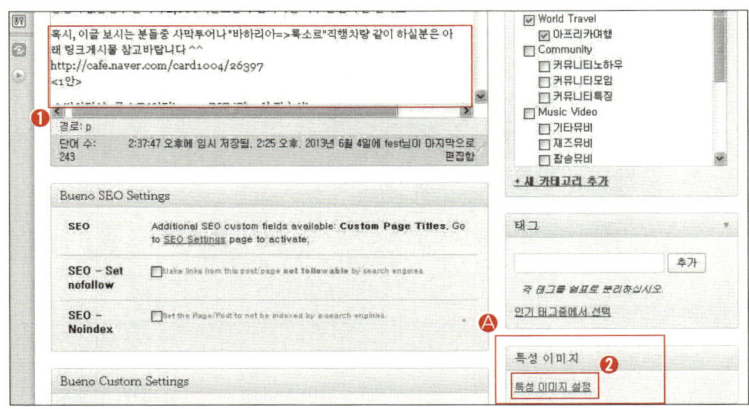

02 '특성 이미지 설정' 창에서 '미디어추가'에서 '파일업로드' 탭을 선택하고 [파일을 선택하세요.] 버튼을 클릭합니다. '열기' 창에서 선택한 후 사이트의 대표 이미지로 사용할 파일을 선택하고 [열기] 버튼을 클릭합니다.

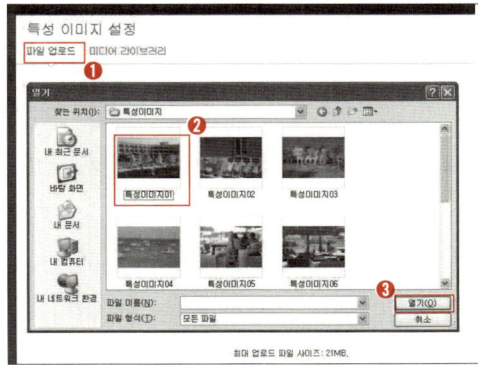

03 이미지의 정보를 입력한 후 [특성 이미지 설정] 버튼을 클릭합니다.

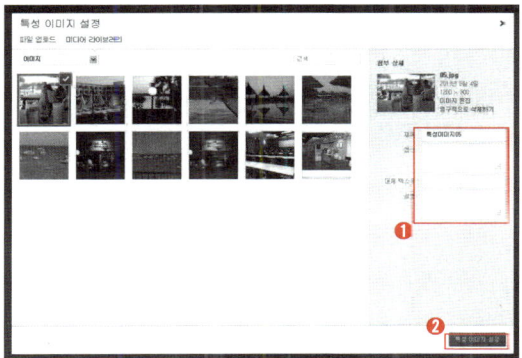

04 대시보드로 돌아오면 사이드바의 '추천 이미지' 영역에 사이트의 대표 이미지가 삽입된 것을 볼 수 있습니다. '공개하기' 탭에서 [업데이트] 버튼을 클릭하면 대표 이미지 설정이 완료됩니다.

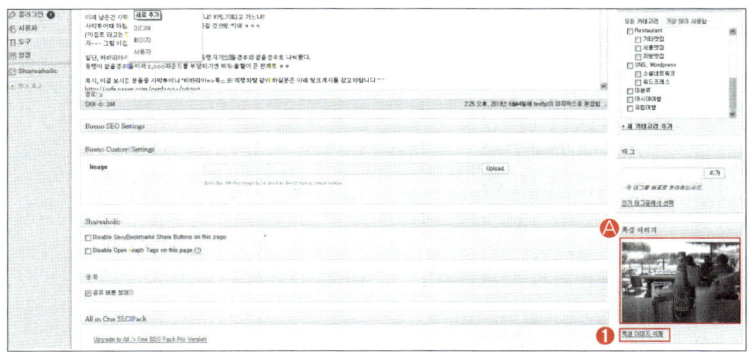

05 사이트 대표 이미지 설정이 완료되었습니다. 사이트의 대표이미지는 메인슬라이드와 썸네일 리스트 대표이미지로 설정되며, Bueno 테마는 지원이 되지 않지만 일반적인 유료테마들은 대부분 지원하는 기능입니다.

06 사이트의 대표 이미지 설정과 지금까지의 이미지 삽입이 완료된 본문 내용을 확인할 수 있습니다.

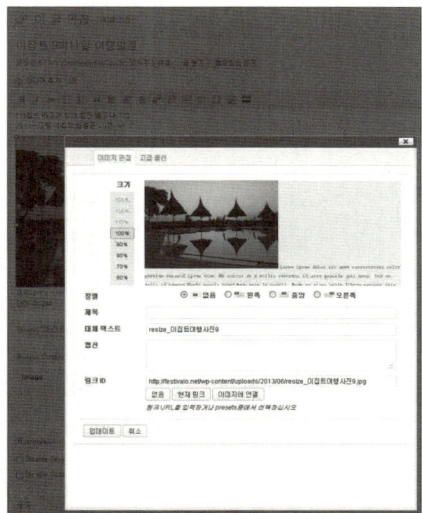

알/아/두/기

▶ **본문 이미지 사이즈**

본문 이미지 사이즈는 글 편집모드에서 이미지 클릭 시 사이즈 조절이 가능하며, 대부분의 워드프레스 테마들은 가로사이즈 600 픽셀의 크기가 가장 적절한 사이즈입니다. 현재 적용한 Bueno 테마는 500 픽셀 사이즈로 본문사이즈가 최적화 되어 있으며, 미리 '알씨' 같은 프로그램을 이용해서 본문 사이즈를 맞춘 후 이용하면 편리합니다.

페이지 만들기

페이지는 카테고리와 함께 사이트 메인화면에 노출되는 메뉴영역입니다. 페이지를 만들기 전에 카테고리와 페이지의 차이점에 대해서 알아보겠습니다.

- **카테고리** : 하나의 카테고리 안에 여러 개의 게시글이 존재할 수 있습니다. 게시글을 작성할 때마다 최신글이 상위에 노출됩니다.
- **페이지** : 하나의 페이지 안에 하나의 게시글만 존재합니다. 주로 회사소개나 약도 등 내용이 쉽게 변하지 않고 바로 접근해야 하는 내용을 페이지로 설정합니다.

페이지를 만드는 방법은 게시글을 작성하는 방법과 크게 다르지 않습니다. 우측의 페이지 속성(Ⓐ)에서 '상위 카테고리'를 설정할 수 있고, 이 부분은 나중에 메뉴 설정에서도 변경할 수 있습니다.

Chapter 03_ **익드프레스 무작정 따라하기** 193

페이지는 게시글에서 볼 수 없었던 템플릿이 제공됩니다. 기본 템플릿은 우측 사이드바 영역을 포함하고 있으며 'Full width' 템플릿은 사이드바 영역 없이 전체영역을 포함하고 있습니다. 각각의 템플릿은 테마마다 다르며, 종류도 다양합니다.

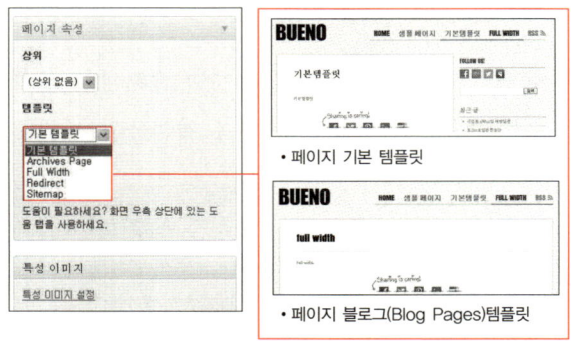

- 페이지 기본 템플릿
- 페이지 블로그(Blog Pages)템플릿

따라하기

01 대시보드에서 '페이지 – 새 페이지 추가' 메뉴를 선택한 후 페이지 제목과 내용을 입력합니다. 특히 페이지 제목은 사이트의 메뉴 형식으로 표시되며, 페이지 제목을 클릭하면 해당 페이지로 바로 이동합니다. 여기서는 사이트를 소개하는 심플한 페이지를 만들겠습니다. 우측 페이지 속성에서 템플릿 중 심플한 느낌의 템플릿인 'Full Width'를 선택합니다. 내용을 작성한 후 [공개하기(업데이트)] 버튼을 클릭합니다.

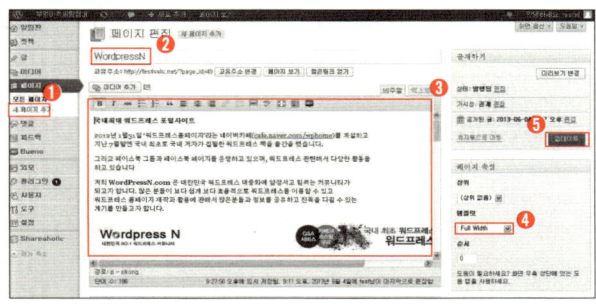

02 사이트에 접속한 후 메인화면에서 새로 추가한 페이지의 제목을 클릭하면 페이지 내용을 확인할 수 있습니다. 페이지 수정은 게시글과 마찬가지로 '알림판 – 페이지 – 모든 페이지' 메뉴에서 진행합니다. Bueno 테마의 Full width 이미지 사이즈는 800픽셀에 최적화 되어 있으며, 테마마다 이미지 사이즈는 다를 수 있습니다.

• Full Width 템플릿 적용

메뉴 설정하기

지금까지 만든 카테고리와 페이지를 워드프레스로 만든 사이트 메인 화면에 노출시켜 봅니다.

메뉴 이름 생성하기

대시보드(알림판)에서 '외모 - 메뉴' 메뉴를 클릭합니다. 메뉴 페이지에서 '+' 아이콘(Ⓐ) 바로 아래의 메뉴 이름 입력 상자에 메뉴 이름을 지정합니다. 여기에 작성하는 메뉴 이름은 사이트 관리자에게만 보이고 사이트에는 노출되지 않기 때문에 관리하기 쉬운 이름을 입력합니다. 여기서는 '먼저 '메뉴1' 이라고 이름을 지정하고 [메뉴생성] 버튼을 클릭하고 똑같은 방법으로 상단의 '+' 를 눌러 '메뉴2'를 생성합니다.

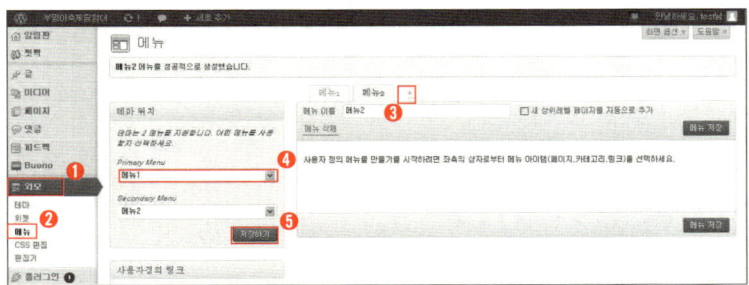

테마 위치 설정하기

메뉴 이름을 생성했다면 Primary Menu의 드롭 버튼(▼)을 클릭합니다. 앞 과정에서 생성한 메뉴 이름(메뉴1)을 선택한 후 [저장하기] 버튼을 누릅니다.

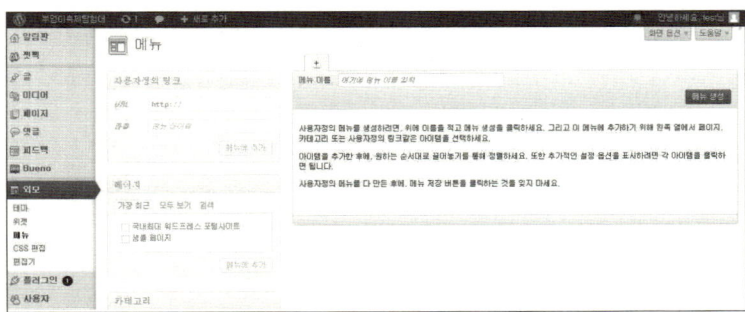

사용자정의 설정하기

사용자정의 링크어는 '메뉴1' 선택 상황에서 자신이 자주 방문하는 카페주소(URL)과 라벨명을 기입합니다. 여기서는 워드프레스 네이버카페 주소를 설정했기 때문에 'NAVER CAFE'로 라벨을 지정한 후 [메뉴에 추가] 버튼을 누릅니다. 이 밖에 링크로 걸어둘 사이트가 있다면 사용자정의 링크에서 지정합니다.

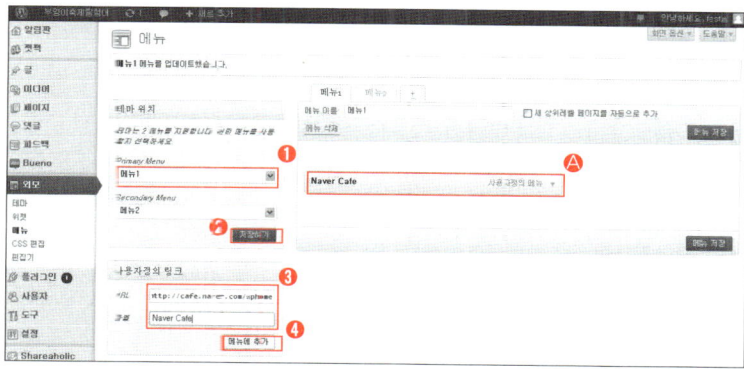

사이트 메인화면의 메뉴 공간에 사용자정의 링크를 설정한 'NAVER CAFE' 라벨이 표시됩니다. 'NAVER CAFE' 라벨을 클릭하면 설정한 URL로 이동합니다.

페이지, 카테고리 메뉴 추가하기

페이지, 카테고리에서 정의된 카테고리를 퀘마디자인의 '메뉴' 페이지에서 불러오겠습니다. '메뉴' 페이지에서 [메뉴1]을 선택합니다. 메뉴에 삽입되어야 할 페이지의 체크박스를 클릭하고 [메뉴에 추가] 버튼을 클릭합니다.

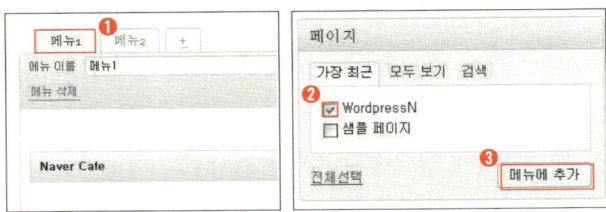

다음으로 [메뉴2] 선택한 다음 '카테고리들' 창에서 '모두보기' 탭을 선택합니다. 전체선택을 클릭합니다. 단, 여기서 [미분류]는 체크를 해제시킨 다음 [메뉴에 추가] 버튼을 클릭하여 카테고리 전체를 메뉴에 추가합니다.

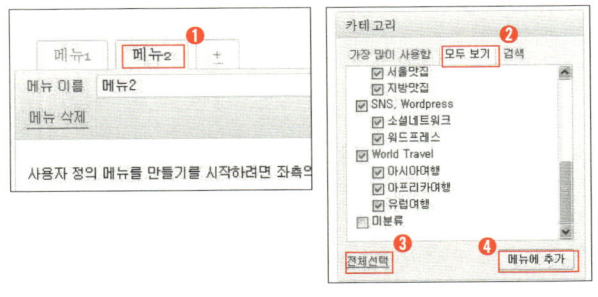

일반적으로 페이지는 메뉴에 추가하는 경우는 많지 않지만, 카테고리들에 속한 카테고리들은 대부분 게시글(포스트)와 연관되기 때문에 메뉴에 추가합니다. 페이지들과 카테고리들을 메뉴에 추가하는 작업이 완성되면 다음 그림과 같이 우측 메뉴 영역에 카테고리들이 배너바 형식(Ⓐ)으로 순차적으로 나타나게 됩니다.

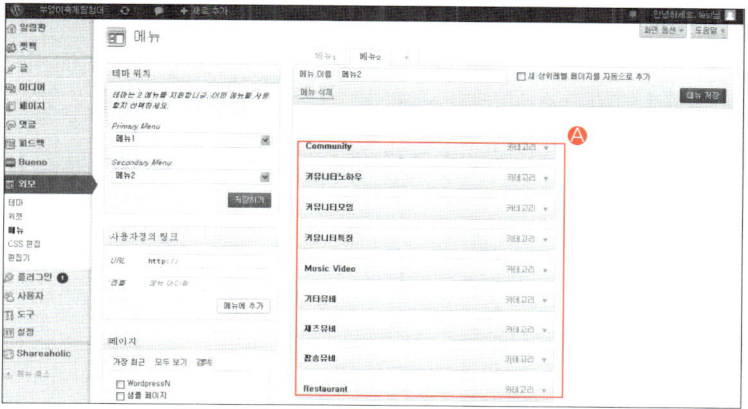

❶ 카테고리 Depth 이동하기

일반 홈페이지 메뉴에서 보이는 것처럼 최상위 카테고리(1Depth)와 서브 카테고리(2Depth) 영역을 나누어 보도록 하겠습니다. 다음 그림의 메뉴 목록에 보이는 카테고리와 페이지를 마우스로 드래그하여 우측으로 조금 이동하면 카테고리 배너가 이동합니다. 왼쪽 가장자리에서부터 우측으로 이동할 수 있고 상하로도 이동할 수 있습니다. 메뉴의 카테고리 위치 변경을 마친 후 반드시 [메뉴 저장] 버튼을 클릭해야 사이트에 반영됩니다.

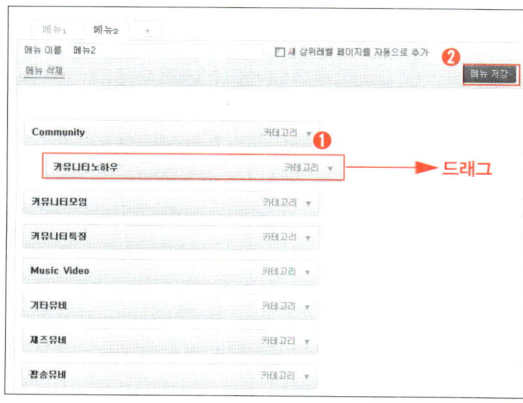

❷ 메뉴 1Depth, 2Depth, 3Depth 설정하기

가령, 위 그림과 같이 'Restaurant'가 1Depth 메뉴이고, '서울맛집', '지방맛집', '기타맛집'이 2Depth 메뉴라면, 2Depth 메뉴 3개를 하나씩 선택한 후 우측으로 드래그해서 그림과 같은 이동시킵니다.

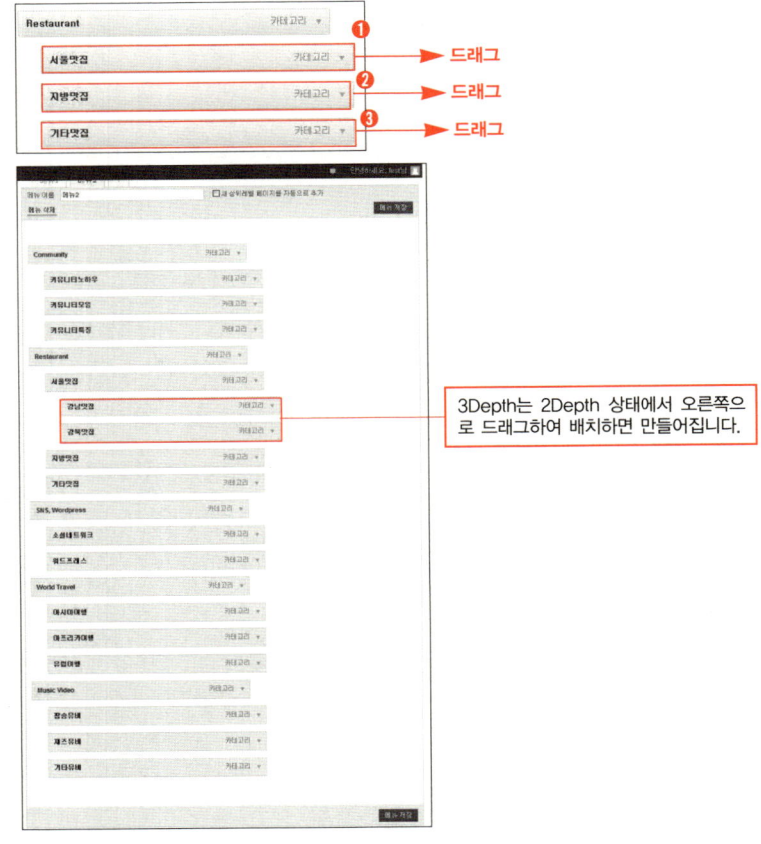

3Depth는 2Depth 상태에서 오른쪽으로 드래그하여 배치하면 만들어집니다.

TIP
드래그가 잘 되지 않는 경우에는 [새로 고침]하거나 다른 웹브라우저를 이용하여 다시 시도해 봅니다.

사이트 메뉴의 카테고리가 메인화면에서 잘 보이는지 확인한 후 각 카테고리마다 포스트를 하나씩 만들어 봅니다.

• 메뉴 설정 후 사이트 메인화면

04
테마옵션과 위젯으로 사이트 스타일 꾸미기

워드프레스 테마와 플러그인 설치까지 끝났다면 이제 테마옵션과 위젯 등을 사용해 테마의 색상이나 로고 변경, 원하는 한글폰트를 적용해 다양한 스타일의 사이트로 꾸며보겠습니다.

테마옵션 설정하기

테마옵션은 테마의 주요기능을 설정하는 곳으로 테마옵션의 구성은 테마마다 약간씩 차이가 있습니다. 테마의 전체적인 레이아웃이나 색상을 변경하거나, 메인에 롤링되는 이미지와 포스팅 개수 등을 정할 때에는 테마옵션에서 설정할 수 있습니다.

테마옵션을 볼 수 있는 카테고리는 테마업체마다 약간씩 차이가 있으나 일반적으로 테마 디자인에서 확인할 수 있습니다. 테마옵션을 잘 활용하면 처음 접했던 샘플테마와 유사하게 사이트를 꾸밀 수 있을 뿐만 아니라 다양한 기능을 이용하여 보다 다양한 스타일의 사이트를 만들 수 있습니다. 여기서는 테마옵션에서 가장 많이 사용하는 몇 가지 기능을 살펴보도록 하겠습니다.

로고 변경하기

사이트에서 로고는 제목과 정체성을 표현하는 요소인 만큼 반드시 주기적으로 변경해주어야 하는 부분입니다. 워드프레스는 기본적으로 구입한 테마의 이름이 로고 이름으로 기본 설정되어 있습니다. 로고 디자인은 자신의 사이트 정체성에 맞게 하며, 사이즈는 메인화면에서 로고부분이 차지하는 부분을 살펴 본 후 그에 맞게 설정합니다. 주의할 점은 테마 배경색을 고려해야 하그로 로고의 배경은 투명으로 설정한 후 png 파일로 작업하는 것을 권장합니다.

따라하기

01 알림판에서 '테마선택 – 테마옵션(Theme Options)' 메뉴를 선택합니다. 테마옵션에서 자신의 컴퓨터에 저장되어 있는 미리 만든 로고를 적용해봅니다. 로고변경은 이미지 추가와 마찬가지로 컴퓨터, URL, 미디어 라이브러리 탭에서 모두 불러올 수 있습니다. 여기서는 컴퓨터에서 불러오는 방법을 살펴보도록 합니다. 테마옵션(Theme Options) 메뉴를 선택한 후 General Settings의 Custom Logo 부분의 [Upload] 버튼을 클릭합니다.

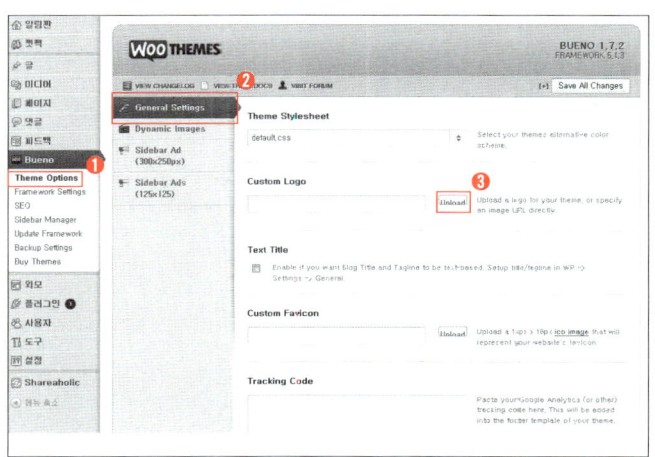

02 파일 업로드 페이지에서 '컴퓨터에서'를 클릭한 후 [파일을 선택하세요] 버튼을 클릭합니다. '열기' 창이 나타나면 준비한 로고 파일을 선택하고 [열기] 버튼을 클릭하여 파일을 첨부합니다.

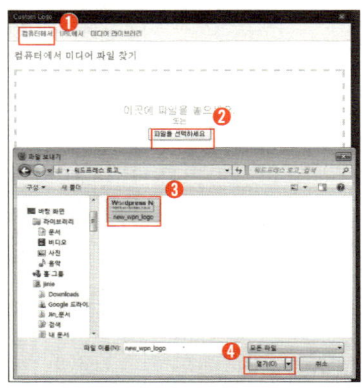

03 이미지의 제목, 부연 설명, 이미지를 클릭하면 연결되는 링크 URL 등을 확인한 후 [Use this Image] 버튼을 클릭하고 테마 옵션 가장 아래에 있는 [모든 변경 사항 저장] 버튼을 클릭합니다. [Save] 버튼을 클릭하여 설정한 환경을 저장합니다.

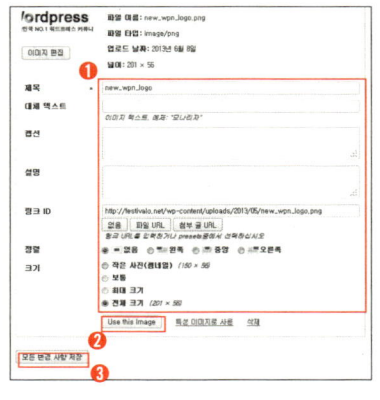 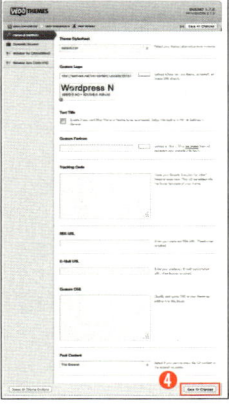

04 사이트 메인화면에서에서 로고가 제대로 적용되었는지 확인합니다. 로고의 변경도 위와 동일한 방법으로 간단하게 진행할 수 있습니다.

파비콘 설정하기

파비콘(Favicon)은 Favorite icon의 약어로 웹브라우저 상단에서 사이트의 이름 앞에 붙는 아이콘 입니다. 파비콘 이미지의 권장 사이즈는 16×16 pixel 이지만 32×32 pixel 또는 64×64 pixel도 가능합니다.

따라하기

01 알림판에서 '테마선택 – 테마옵션(Theme Options)' 메뉴를 선택합니다. General Setiings의 Custom Favicon의 [Upload] 버튼을 클릭합니다.

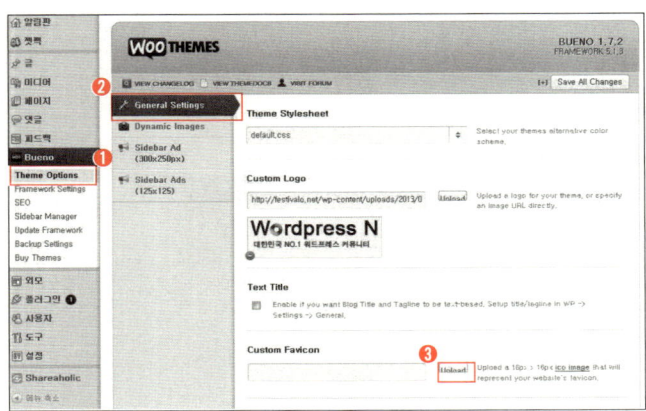

02 파일 업로드 페이지에서 '컴퓨터에서'를 클릭한 후 [파일 선택]을 클릭합니다. '열기' 창이 나타나면 준비한 파비콘 로고 파일을 선택하고 [열기] 버튼을 클릭합니다.

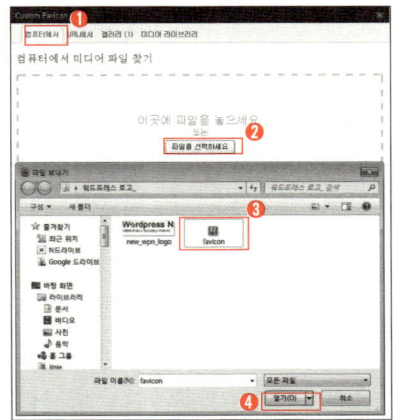

03 파비콘 이미지 파일에 대한 정보를 입력하고 하단의 [Use for Favicon] 버튼을 클릭한 후 [모든 변경 사항 저장]을 클릭합니다.

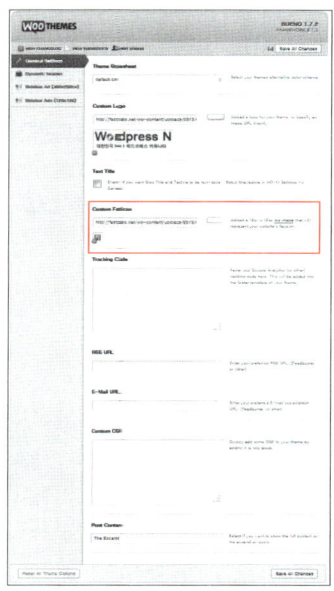

04 테마옵션의 하단에 [Save] 버튼을 클릭하면 파비콘 이미지 파일 설정이 완료됩니다.

05 사이트에서 파비콘 이미지 상태를 확인해보겠습니다. 사이트 주소를 입력하면 홈페이지 이름 앞에 파비콘이 보입니다. 간, 익스플로러에서는 보이지 않을 수 있습니다. 익스플로러의 경

우 포토샵 플러그인 중에는 ico로 저장해주는 플러그인을 사용해서 익스플로러 코드에 맞게 생성할 수 있습니다.

• 파비콘 설정 후_구글 크롬

• 파비콘 설정 후_파이어폭스

알/아/두/기

▶ ico 파일 변환 방법

ico 파일은 마이크로소프트 윈도우(Windows)의 아이콘에 쓰이는 그림 파일 포맷입니다. 인터넷 익스플로러에서 사이트 파비콘을 노출시키기 위해서는 ico 파일 포맷의 이미지를 사용해야 합니다. 즉 파비콘 아이콘 이미지(bmp, jpg, png 파일 형식)를 ico 파일로 변환해야 사용할 수 있습니다. 컨버션닷컴(converticon.com) 사이트에 접속합니다. [Get Strated] 버튼을 클릭한 후 변환할 bmp, jpg, png 파일을 선택합니다.

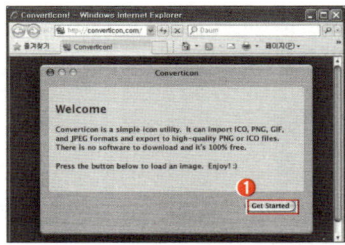
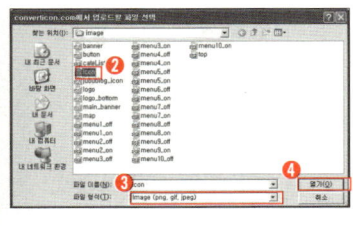

[Expert] 버튼을 클릭한 후 'Export Options' 창에서 이미지 사이즈를 지정한 후 [Save As] 버튼을 클릭한 후 동일한 파일명 또는 새로운 파일명을 지정하면 ico 파일로 저장됩니다.

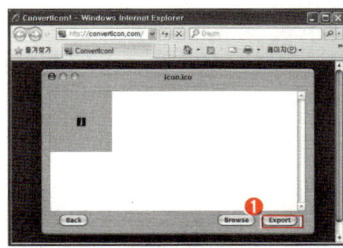
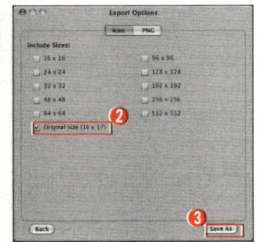

나만의 글로벌 아바타 등록하기

워드프레스 사이트를 방문을 할 떠 자신만의 아바타나 프로필을 등록하면 시각적인 효과뿐만 아니라 사이트의 이미지 재고와 신뢰도를 높이는데 도움이 됩니다. 워드프레스와 같은 해외 설치형블로그로 만든 사이트는 그라바타(Gravatar)를 이용해 자신만의 아바타를 등록할 수 있습니다. 글로벌아바타(Gravatar)는 'Global'와 'Avatar'의 합성어로 그라바타 사이트(gravatar.com)에서 이데일 계정만 있으면 손쉽게 등록할 수 있습니다.

따라하기

01 그라바타 사이트(gravatar.com)에 접속한 후 왼쪽 상단에 보이는 'Log in/ Sign up' 메뉴를 클릭합니다. 계정이 없는 상태이기 때문에 'Sign Up'을 클릭합니다.

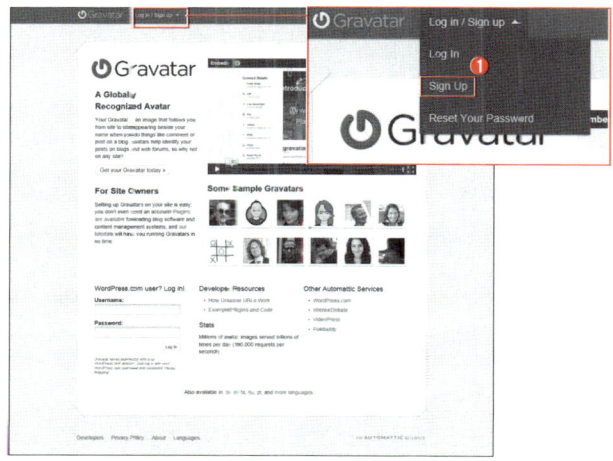

02 워드프레스에 저장된 이메일 주소를 입력하고 [Signup] 버튼을 클릭합니다. 이메일 확인 요청 메일이 발송되었다는 메시지 창이 나타나면 이메일 내용을 확인합니다.

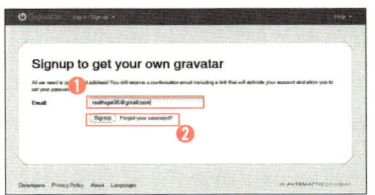 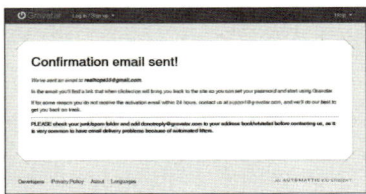

03 이메일을 확인하면 계정 확인을 위한 링크가 나타납니다. 상단에 보이는 링크 주소를 클릭합니다.

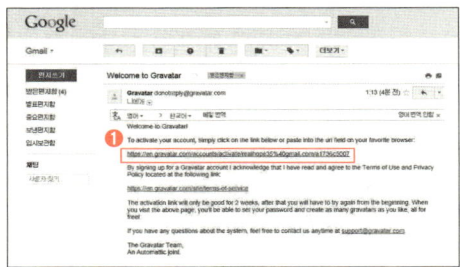

04 사용자명과 비밀번호를 지정할 수 있는 창이 나옵니다. 사용자명을 입력한 후 [check] 버튼을 클릭하여 사용 가능 여부를 확인합니다. 패스워드를 입력한 후 [Signup] 버튼을 클릭합니다. 등록이 완성되면 자동 로그인과 메인화면으로 이동됩니다.

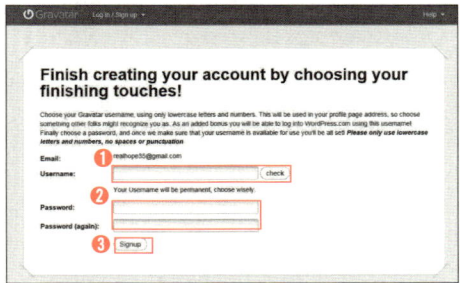

05 로그인 전 상태라면 로그인 후 'My Account – Manage My Gravatars' 메뉴를 선택합니다.

06 Manage Gravatars 화면에 등록한 이메일 계정에 기본 그라바타가 적용된 화면입니다. 하단에 그라바타로 사용될 수 있는 이미지가 없다는 문구가 보입니다. 이미지를 추가하기 위해 'Add one by clicking here!'를 클릭합니다.

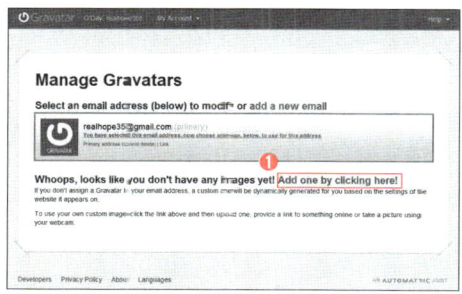

07 이미지를 불러올 경로를 선택할 수 있는 창이 나타나고 불러오고자 하는 이미지 경로 설정 버튼을 선택합니다. 여기서는 내 컴퓨터에서 그라바타로 사용할 이미지 불러오는 방법인 'My computer's hard drive' 버튼을 클릭합니다.

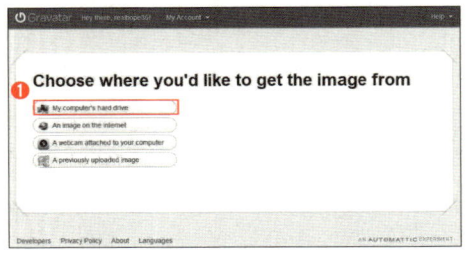

08 내 컴퓨터에서 그라바타로 사용할 이미지를 불러옵니다. 이미지 사이즈는 80×80 pixel이며, 이 사이즈보다 클 경우 80×80 pixel에 맞추어 자동으로 조절됩니다. 업로드 가능한 파일 크기는 100kb미만, 확장자는 jpg, gif, png 파일 형식만 지원됩니다. [파일 선택] 버튼을 클릭한 후 업로드할 파일 선택하고 [Next] 버튼을 클릭합니다.

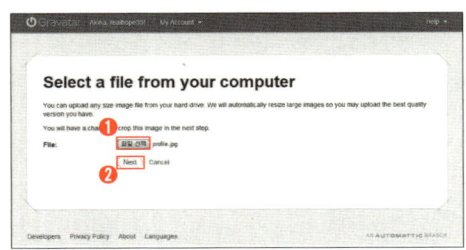

09 이미지의 조절점(❶)을 드래그하여 크기를 조절합니다. 즉 웹에서 보이게 할 영역만큼의 크기로 자릅니다. 크기를 조절한 이미지는 'Small Preview'와 'Large Preview'에서 미리보기 할 수 있습니다. 이미지 크기를 조절한 후 [Crop and Finish!] 버튼을 클릭합니다. 그라바타로 사용할 이미지 화면의 선택이 완료되었습니다. 이제 등급을 선택합니다. 등급은 G, PG, R, X 총 4개 등급으로 나눠져 있습니다. G등급이 모든 사이트에서 사용할 수 있는 등급이고, X로 갈수록 선정성

과 폭력성이 높은 등급입니다. 자신에게 맞는 등급을 클릭하면 선택이 완료됩니다.

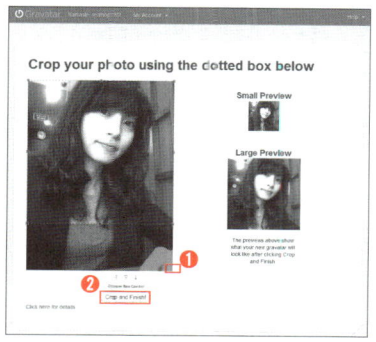 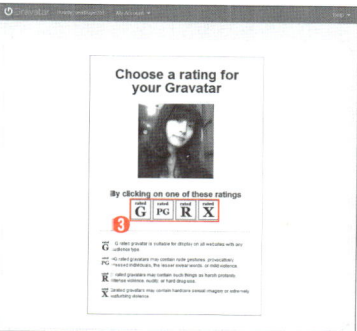

10 이제 선택된 그라바타가 내 이메일 계정과 함께 보입니다. 차후 이메일을 또는 이미지 추가도 가능합니다.

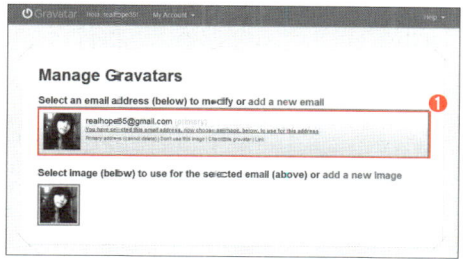

11 그라바타 등록이 완료되었습니다. 그라바타는 워드프레스 사이트에서 로그인 후 사이트 우측 상단에서 확인할 수 있으며, 댓글이나 게시글을 작성하면 등록된 그라바타가 함께 보이게 됩니다.

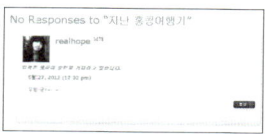

• 계정 로그인 후 나타나는 그라바타   • 댓글 입력 시 나타나는 그라바타

Chapter 03_ **워드프레스 무작정 따라하기** 213

위젯 마음대로 주무르기

테마를 입히고 옵션 설정이 완성되었다면, 이제 그럴 듯한 사이트가 완성되었을 것입니다. 설치한 플러그인과 여러가지 위젯을 추가로 적용하면 지금보다 더욱 멋스럽고 나만의 스타일을 갖춘 사이트를 완성할 수 있습니다.

위젯 사용 방법 익히기

위젯은 사용할 수 있는 위젯과 사용할 수 없는 위젯(비활성화 위젯)으로 구분됩니다. 위젯을 삭제하지 않고 사이드바에서만 노출시키지 않기 위해서는 사용할 수 있는 위젯 영역에서 비활성화 위젯 영역으로 이동시켜야 합니다.

따라하기

01 대시보드에서 '테마 디자인 – 위젯' 메뉴를 선택합니다. 위젯 페이지는 '사용할 수 있는 위젯'과 '비활성화 위젯' 영역이 있습니다. 사용할 수 있는 위젯들은 가나다, ABC순으로 정렬되어 있습니다.

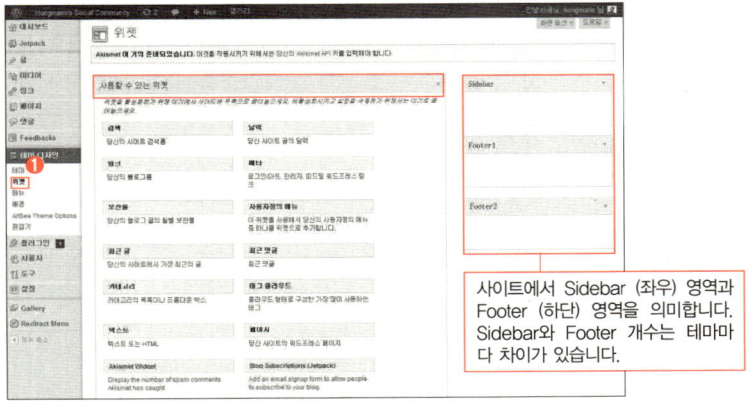

• 사용할 수 있는 위젯 영역

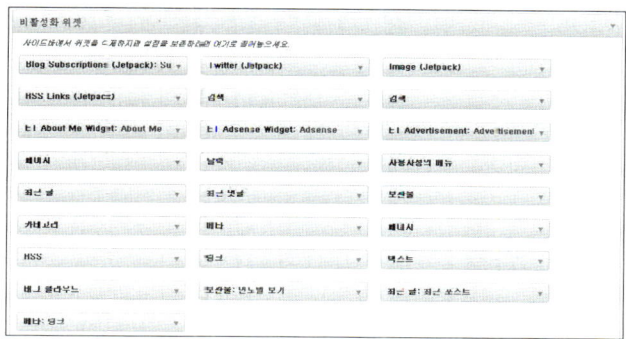

• 비활성화 상태의 위젯

위젯 사이드바 옮기기

위젯을 사이트에 노출시키기 위해 사이드바로 이동시켜보겠습니다.

따라하기

01 위젯 왼쪽 상단에 있는 '검색' 위젯을 사이드바(Sidebar) 영역으로 이동시켜보겠습니다. '사용할 수 있는 위젯' 영역에서 '검색' 위젯을 클릭한 후 'sidebar' 영역으로 드래그합니다.

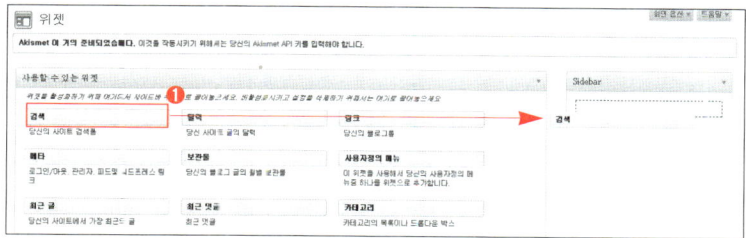

02 '사이드바(Sidebar)' 영역에 '검색' 위젯이 복사되고 위젯 제목 입력 상자에 제목을 입력하고 [저장하기] 버튼을 클릭합니다. 여기서는 위젯의 제목을 '검색'이라고 입력하겠습니다.

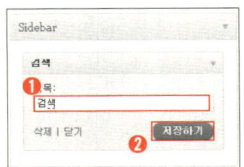

03 위와 동일한 방법으로 활성화된 위젯 중 최근 글 위젯, 최근 댓글 위젯, 페이지 위젯, 메타 위젯, 태그 클라우드 위젯 등 몇 가지 위젯을 사이드바(Sidebar)에 적용합니다. 적용 방법은 위와 동일하며 원하는 위젯을 클릭한 후 사이드바 또는 푸터 영역에 드래그합니다.

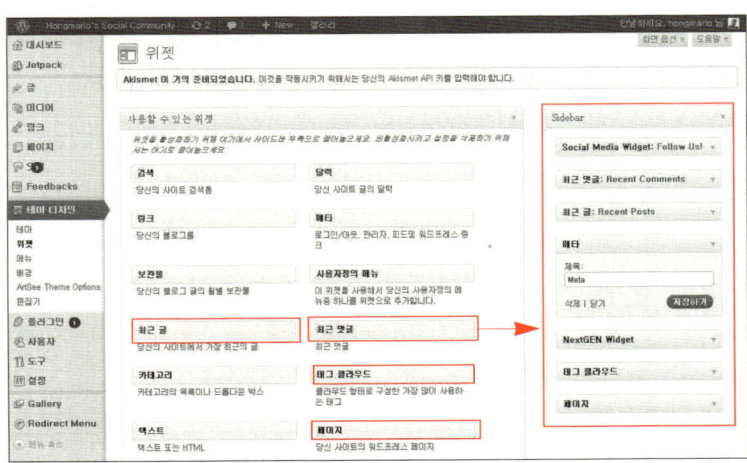

위젯 위치 변경하기

사이트에 배치되는 위젯의 위치를 변경해보겠습니다.

따라하기

01 모든 위젯은 각각의 제목을 입력한 후 저장해야 하며, 제목을 입력하지 않으면 기본값으로 설정됩니다. 그리고 사이드바(Sidebar)의 위젯은 상하로 이동시킬 수 있습니다. 메타 위젯(Ⓐ)은 사이드바 혹은 푸터 영역 중 하나에는 반드시 포함시켜야 합니다. 메타 위젯이 없을 경우 로그인에 불편을 겪게 됩니다.

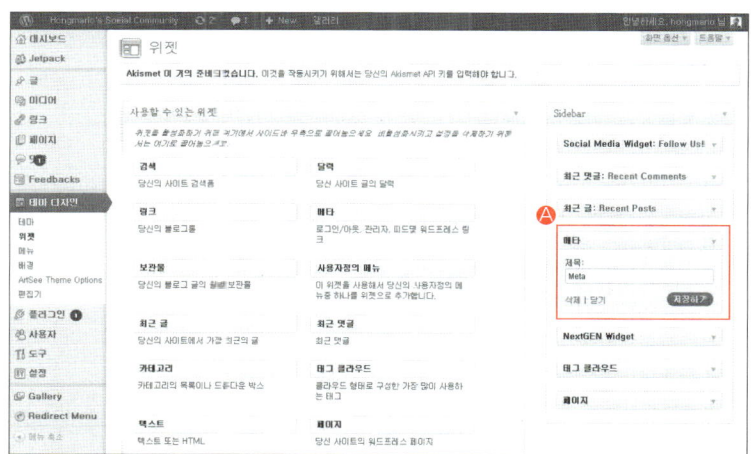

TIP

메타 위젯이 없을 경우
위젯 페이지에 메타 위젯이 없을 경우 사이트 관리자 페이지(/wp-login.php)로 직접 로그인하여 접속합니다.

02 위젯 설정을 완료한 후 사이트에 접속하여 제대로 설정되었는지 사이트의 사이드바(Ⓐ) 영역을 확인합니다.

하단(footer)영역 설정하기

테마를 하단(footer)영역에 설정하겠습니다. 주의할 사항은 위젯에 하단(footer)영역이 존재하지 않는 테마를 사용하는 경우 설정할 수 없습니다. 이전의 예제에서 사용한 홍마리오닷컴의 Artsee테마는 위젯에 하단(footer)영역이 존재하지 않습니다. 따라서 다른 대시보드 샘플로 설명하겠습니다.

> **따라하기**

01 대시보드에서 '테마디자인 – 위젯' 메뉴를 선택한 후 '위젯' 페이지에서 그림과 같이 하단(Footer)영역에 원하는 위젯을 선택 드래그합니다. 여기서는 '달력' 위젯, '최근글' 위젯, '텍스트' 위젯을 하단(Footer) 영역으로 복사하겠습니다.

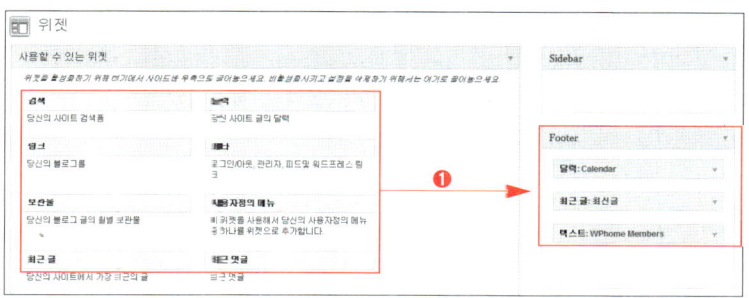

02 하단(Footer)영역은 일반적으로 회사주소, 전화번호 등을 배치하기 때문에 '텍스트' 위젯 설정에 대해서 알아보겠습니다. 이전 과정과 마찬가지로 '텍스트' 위젯 배너의 드롭 버튼(▼)을 클릭하면 다음 그림과 같이 펼쳐집니다. 제목과 본문 내용을 입력한 후 우측하단의 [저장하기] 버튼을 클릭하면 텍스트 위젯 입력하기가 완성됩니다.

03 사이트에 접속하여 하단(Footer)영역이 어떻게 적용되었는지 확인합니다.

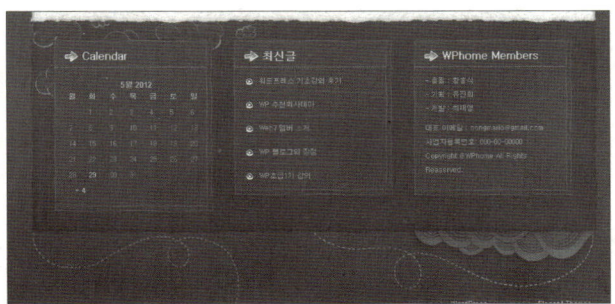

검색 포털에 사이트 등록하기

사이트 꾸미기가 완성된 후 나의 사이트가 검색 포털에서 검색될 수 있게 합니다. 나의 사이트가 검색되기 위해서는 검색 포털(네이버, 다음 등)에 각각 '홈페이지 등록' 서비스를 이용하여 등록 신청합니다. 사이트 등록은 무료입니다. 검색 포털에 사이트가 등록되면 특정 검색어(사이트와 관련된 키워드)로 유입되는 비중도 높아집니다. 주의할 점은 사이트에 아무런 컨텐츠도 없는 상태이거나 메뉴 구성 및 사이드바 구성이 제대로 갖추지 않은 상태에서는 등록 신청하면 등록을 거부당할 수 있기 때문에 어느 정도 사이트 구축이 완성되었다고 판단될 때 신청하는 것이 좋습니다.

> 따라하기

01 네이버 검색 등록을 위해서는 네이버 검색등록 사이트 (https://submit.naver.com/)에 접속합니다. 로그인 후 '등록 진행 상황 확인' 란에서 사이트의 주소(URL)을 입력하고 대표 전화번호를 입력한 후 [등록확인] 버튼을 클릭합니다.

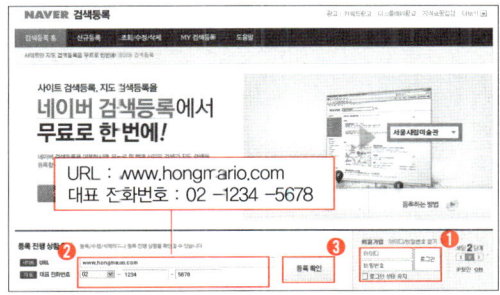

02 신규 등록일 경우 [신규 등록 신청] 버튼을 클릭합니다. '기본 정보 입력' 페이지에서 각 항목들을 입력 한 후 [확인] 버튼을 클릭하면 등록이 완료됩니다. 등록 완료 후 네이버에서 자체 심사를 거쳐 확정되면 안내 메일을 발송합니다.

알/아/두/기

▶ 검색 포털의 사이트 등록 주소

검색 포털의 검색 등록 사이트 주소입니다. 네이버와 유사한 방법으로 사이트를 등록할 수 있습니다.

- 다음 : https://register.search.daum.net/index.daum
- 구글 : https://www.google.com/webmasters/tools/submit-url?continue=/addurl
- Bing(마이크로소프트) : https://kr.ssl.bing.com/webmaster/SubmitSitePage.aspx

워드프레스로
홈페이지·블로그 만들기

4장
워드프레스를 더욱 빛나게 하는 노하우

워드프레스의 다양한 테마와 플러그인 및 위젯 등으로 사이트를 꾸밀 수 있지만, 표현에 제약을 받는 경우가 있습니다. 이런 경우 사이트의 소스를 수정하면 더욱 멋진 사이트를 만들 수 있습니다. 이 장에서는 사이트의 소스를 수정하는 방법에 대해서 알아보도록 하겠습니다.

1. 사이트 소스 수정하기
2. 워드프레스 마케팅 활용
3. 워드프레스의 미래

01
사이트 소스 수정하기

워드프레스의 소스는 html, php로 구성되어 있습니다. 테마와 플러그인 설정만으로도 많은 것을 할 수 있지만, 다양한 연출을 위해서는 워드프레스의 소스 코드를 이해하고 수정할 수 있어야 합니다. 소스 코드를 이해하고 수정하는 작업이 초보자들에게는 쉽지 않은 내용일 수 있지만 필요한 부분을 단계적으로 따라하면 쉽게 적용할 수 있을 것입니다.

사이트에 한글 폰트 적용하기

워드프레스 테마는 기본적으로 영문으로 구성되어 있습니다. 원하는 디자인의 사이트를 구현할 수 있는 테마를 구입한 후 사이트에 적용하면, 특히 한글을 적용했을 경우 사이트 전체가 한글 폰트와의 부조화로 처음 느꼈던 테마의 느낌과는 전혀 다른 느낌의 사이트가 되는 경우가 종종 있습니다. 워드프레스 테마의 영문 기본 폰트는 로마자(Arial)인 경우가 많지만 한글은 굴림체를 기본 폰트를 사용되고 있기 때문입니다. 테마에 따라서 개성 있는 폰트를 적용하고 싶다면 어떻게 적용하면 되는지에 대해서 알아보도록 하겠습니다.

한글 웹 폰트 선택하기

웹 폰트(Web Font)에 대해 간략하게 설명하겠습니다. 웹 폰트는 폰트가 컴퓨터에 설치되어 있지 않더라도, 웹 폰트를 지원하는 사이트에서 폰트를 전송하여 모든 컴퓨터와 사이트에서 자신이 선택한 폰트를 보여주는 폰트를 말합니다. 한글 웹 폰트를 지원하는 대표적인 사이트에는 모빌리스, 폰트페이스 등이 있습니다.

- 모빌리스 : http://api.mobilis.co.kr/webfonts
- 폰트페이스 : http://fontface.kr

- 모빌리스 웹 폰트

이 장에서는 모빌리스에서 지원하는 웹 폰트 중 '나눔 고딕체'를 이용하여 사이트에 적용하도록 하겠습니다. 적용 순서는 다음과 같습니다.

- 1단계 : 사이트에서 폰트를 변경할 위치를 확인한다.
- 2단계 : header.php에 웹 폰트를 설정한다.
- 3단계 : style.css 소스의 폰트를 변경할 위치에 폰트를 추가한다.
- 4단계 : 사이트에서 변경된 폰트를 확인한다.

다음 그림은 '나눔 고딕체'로 변경 전 사이트 메인화면입니다. 게시글의 제목 등 특정 항목의 폰트를 변경하는 방법과 사이트 전체 폰트를 변경하는 방법에 대해서 알아보겠습니다.

위 그림에서 게시글의 제목, '[6/6] 워드프레스 초보교육'의 폰트를 변경해 보겠습니다.

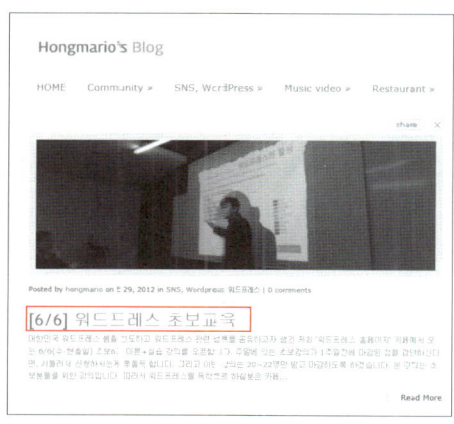

- 한글 폰트 변경 전 사이트 화면

사이트의 폰트 변경 위치 확인하기

사이트의 폰트를 변경하기 전에 변경할 코드의 위치를 확인하여야 합니다. 브라우저에 따라 다음과 같은 방법으로 확인이 가능합니다.

❶ 익스플로러 8 버전 이상부터 지원하는 개발자도구(Ctrl 키를 누릅니다.)를 실행합니다.
❷ 구글 크롬의 요소 검사를 검사합니다.
❸ 파이어폭스의 요소 검사(또는 파이어버그) 등의 도구를 사용합니다.

• 익스플로러 9 개발자 도구

• 구글 크롬 요소 검사 화면

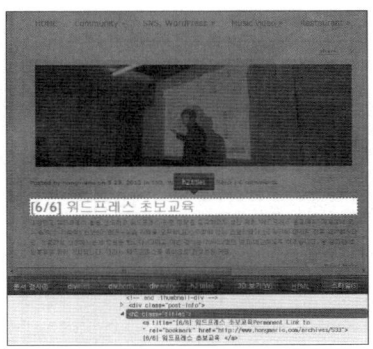
• 파이어폭스 요소 검사 화면

> **따라하기**

01 익스플로러 9.0 버전을 이용하여 소스 코드 내 제목의 위치를 확인하여 보겠습니다. 먼저 Shift + F12 키를 눌러 개발자도구를 실행합니다. 다음 그림과 같이 사이트 하단에 개발자도구(④)가 실행됩니다.

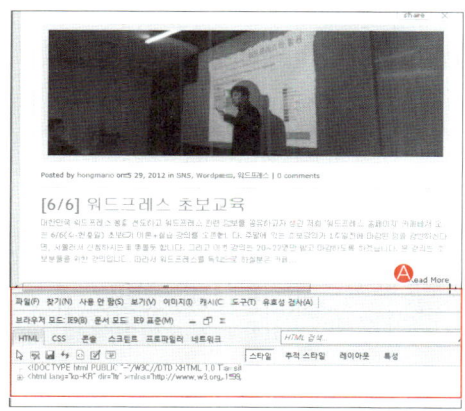

02 요소를 선택하기 위해 개발자도구에서 '찾기 – 클릭으로 요소 선택' 메뉴를 선택하여 요소 기능을 실행합니다.

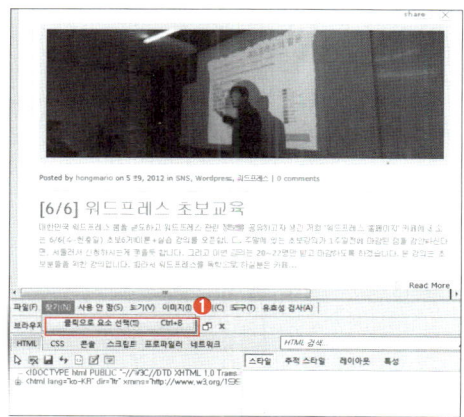

03 변경할 부분(❶)을 선택하면 해당 위치가 파란색 테두리로 표시되고 하단의 HTML탭에 선택한 부분의 내용(❷, 〈a title="[6/6] 워드프레스 초보교육..)이 파란색 글자 배경으로 보입니다.

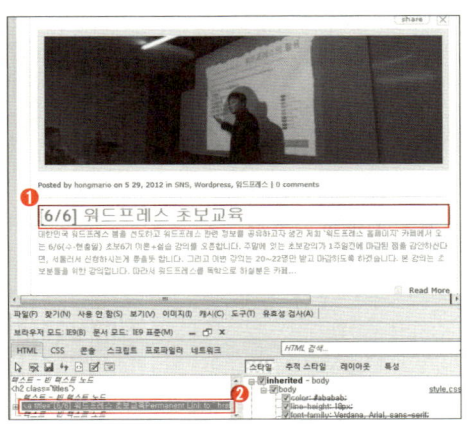

04 파란색 글자 배경으로 처리된 '〈a title="[6/6] 워드프레스 초보교육… 위에 보면 '〈h2 class="titles"〉' 소스 코드가 보입니다. 소스 코드에서 'titles', 즉 제목 속성을 메모해두거나 기억해둡니다.

> 〈h2 class="titles"〉
> class는 폰트, 글자 크기 등을 지정하는 집합이며, titles는 class의 이름입니다.

헤더 파일에서 코드 추가하기

폰트를 변경하기 위해 헤더 파일(header.php)을 불러온 후 소스를 수정하겠습니다.

> **따라하기**

01 대시보드에서 '테마 디자인 – 편집기' 메뉴를 선택합니다.

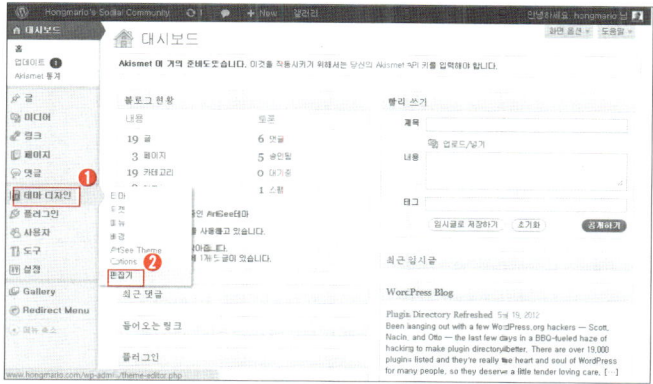

02 '테마 편집' 페이지가 나타납니다. 우측 템플릿 영역에서 헤드 파일(header.php)을 클릭합니다. 헤드 파일의 위치는 테마에 따라서 다를 수 있습니다.

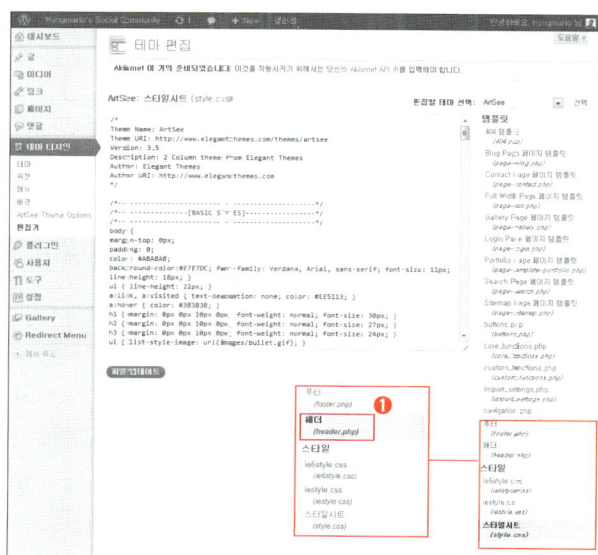

Chapter 04_ 워드프레스를 더욱 빛나게 하는 노하우 **229**

03 헤더(header.php) 파일의 소스가 나타납니다. Ctrl+F 키를 누른 후 '</head>'를 검색합니다. 웹브라우저에 따라 차이가 있지만 우측 상단 또는 좌측 하단에 검색창이 생기고, 소스 본문에는 그림처럼 </head> 태그에 배경색(❷)이 채워집니다.

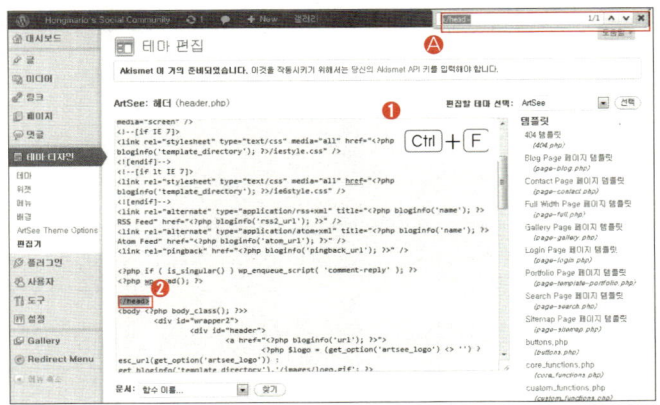

04 HTML 문서에서 <head>~</head> 태그 안에 아래와 같이 모빌리스 웹 폰트 API를 호출하는 코드를 넣습니다. API를 호출하면 여러분의 웹페이지에서 '나눔 고딕 웹 폰트'를 사용할 수 있게 자동으로 CSS 파일을 생성해 줍니다. 소스 추가 후 [파일 업데이트] 버튼을 누릅니다.

```
<link href='http://api.mobilis.co.kr/webfonts/css/?fontface
=NanumGothicWeb' rel='stylesheet' type='text/css' />
```

다른 폰트나 웹 폰트 사이트의 폰트를 적용할 경우는 'href='http://api.mobilis.co.kr/webfonts/css/?fontface=NanumGothicWeb'' 에서 URL은 해당 웹폰트의 URL값을 복사해 붙여 넣습니다.

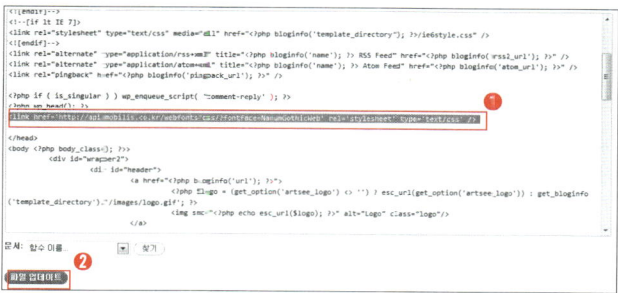

• header.php 소스 수정 화면

스타일시트에서 폰트 변경하기

스타일시트(style.css)에서 폰트를 변경하기 위해서 소스 값을 수정합니다.

따라하기

01 대시보드에서 '테마 디자인 – 편집기' 메뉴를 선택한 후 우측 하단에 있는 '스타일 – 스타일시트(style.css)'를 선택합니다.

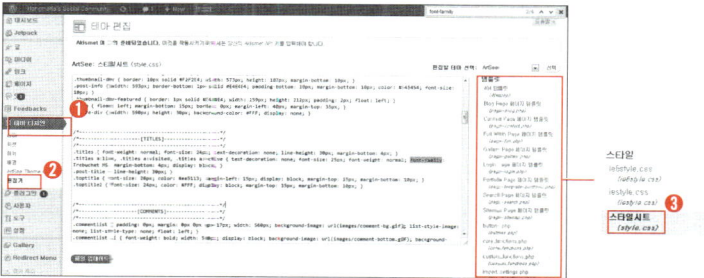

02 Ctrl+F 키를 누른 후 'font-family'를 검색합니다. 그리고 'titles' 부분의 'font-family:' 뒤에 'NanumGothicWeb,' 코드를 추가하여 폰트를 추가합니다. 'font-family'가 아닌

'font' 라고 되어 있는 경우도 있습니다. [파일 업데이트] 버튼을 클릭합니다.

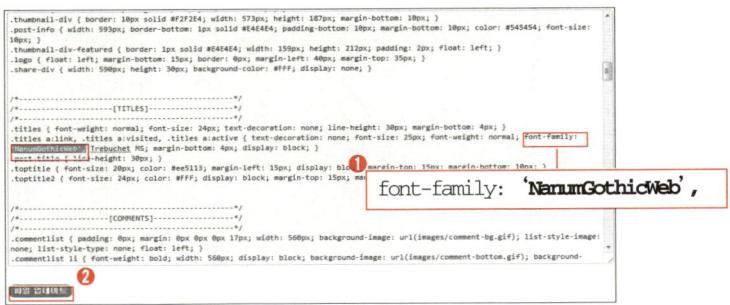

font-family: Trebuchet MS; margin-bottom: 4px; display: block; }

• style.css 소스 코드 수정 전

font-family: 'NanumGothicWeb', Trebuchet MS; margin-bottom: 4px; display: block; }

• style.css 소스 코드 수정 전

03 모든 한글 폰트 수정이 완성되었습니다. 사이트에서 한글 폰트가 제대로 변경되었는지 확인합니다. 폰트가 '나눔고딕체'으로 변경된 것을 확인 할 수 있습니다.

[6/6] 워드프레스 초보교육 ➡ [6/6] 워드프레스 초보교육

• 한글 폰트 변경 전   • 한글 폰트 변경 후

사이트 전체의 본문 폰트를 변경하기

지금까지 게시글 제목의 폰트를 변경하는 방법을 알아보았습니다. 이번에는 사이트 전체의 본문 폰트를 변경하는 방법에 대해서 알아보겠습니다. 사이트 전체의 본문 폰트를 '나눔고딕체'로 수정하는 방법을 알아보겠습니다.

따라하기

01 대시보드에서 '테마디자인 – 편집기' 메뉴를 선택합니다. 우측 템플릿 목록 하단의 '헤더(header.php)'를 선택하고 Ctrl + F 키를 누른 후 '</head>' 태그를 검색합니다. '</head>' 태그 앞에 아래의 소스 코드를 삽입한 후 [파일 업데이트] 버튼을 클릭합니다.

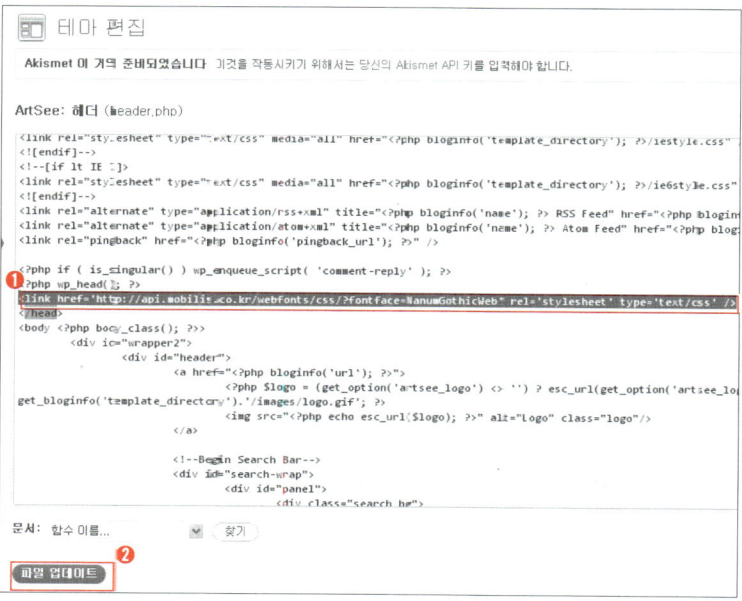

```
<link href='http://api.mobilis.co.kr/webfonts/css/?fontface=NanumGothicWeb' rel='stylesheet' type='text/css' />
```

02 대시보드에서 '테마 디자인 – 편집기' 메뉴를 선택한 후 우측 하단에 있는 '스타일 – 스타일시트(style.css)'를 선택합니다. Ctrl+F 키를 누른 후 'font-family'를 검색합니다. 'font-family:' 바로 다음에 ˚NanumGothicWeb˚,' 소스를 추가한 후 [파일 업데이트] 버튼을 클릭합니다.

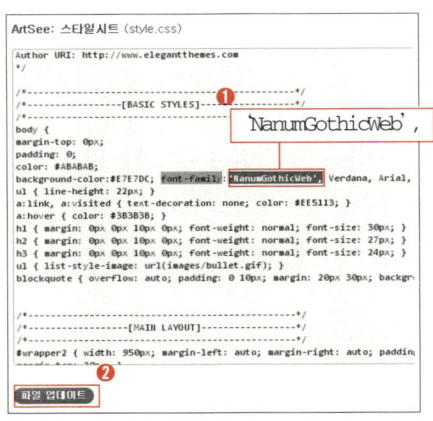

03 사이트 전체의 한글 폰트 수정이 완성되었습니다. 사이트 메뉴 텍스트, 포스트 제목 등 사이트 전체의 폰트가 '나눔고딕체'로 변경된 것을 확인 할 수 있습니다.

사이드바 숨기기

워드프레스의 테마 중 사이트의 본문 사이즈가 좁은 경우가 종종 있습니다. 사이트의 메인화면에 배치된 사이드바는 사용자가 편리하게 컨텐츠에 접근할 수 있어 편의성을 제공하지만 서브페이지에서는 오히려 불편한 요소로 작용할 수 있습니다. 가령, 아래 그림에서 보이는 사이트의 경우 서브페이지에서 사이드바(본문의 오른쪽 또는 왼쪽에 있는 위젯)를 사용하지 않는데 공간을 차지하고 있습니다. 이런 경우 사이드바를 삭제하고 본문을 넓히는 것이 바람직합니다. 사이드바(❹)를 제거하고 본문의 크기를 넓히는 방법에 대해 알아보겠습니다.

• 사이드바 숨기기 전 상태

보관물 파일 열기

따라하기

01 한글 웹폰트 적용방법과 마찬가지로 소스를 수정을 위해 대시보드에서 '테마디자인 – 편집기'를 선택한 후 우측 템플릿 영역에서 '보관물(archive.php)'을 클릭합니다.

02 Ctrl + F 키를 누른 후 'get_sidebar();'를 검색합니다.

03 'get_sidebar();' 코드를 '//get_sidebar();'로 수정한 후 [파일 업데이트] 버튼을 클릭합니다. 'get_sidebar();'는 사이드바를 나타내는 함수입니다. 함수 앞에 '//'를 추가하면 해당 함수 기능이 차단되어 사이드바가 나타나지 않습니다.

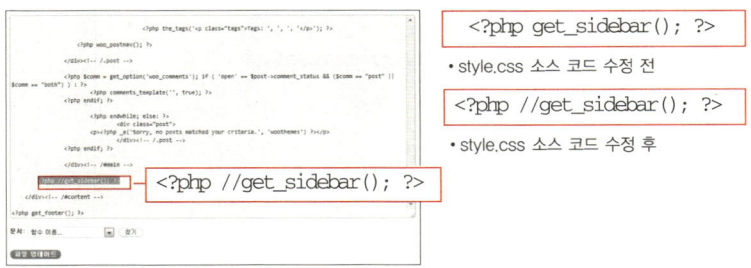

• style.css 소스 코드 수정 전

• style.css 소스 코드 수정 후

04 사이트에서 사이드바(Ⓐ)가 나타나지 않는지 확인합니다.

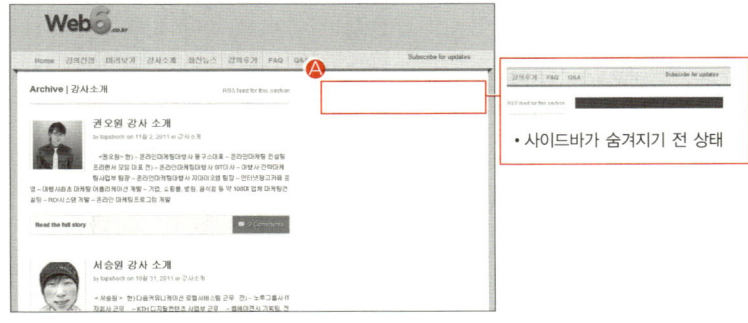

• 사이드바가 숨겨지기 전 상태

02
워드프레스 마케팅 활용하기

워드프레스로 만든 사이트나 블로그가 아무리 멋있고 다양한 컨텐츠를 많이 보유하고 있더라도 방문자가 없으면 사이트를 운영하는 보람이 없을 것입니다. 막강한 기능을 가진 워드프레스가 인기 많은 이유 중 한 가지가 전세계 60% 이상의 검색 점유율을 가지고 있는 구글 검색에 최적화되어 있어 검색을 통한 사이트 방문율이 높다는 점입니다. 워드프레스로 만든 사이트를 어떻게 마케팅게 활용할 수 있을지 알아보도록 하겠습니다.

검색엔진최적화 설정하기

검색엔진최적화(SEO, Search Engine Optimization)란 검색엔진이 좋아하는 스타일에 맞게 글을 작성하면 해당 검색엔진 상위에 노출되는 것을 말합니다. 다시 말하면, 사이트에서 글을 발행할 때 검색엔진 노출을 고려해서 글을 작성하는 것이라고 할 수 있습니다. 현재 우리나라의 검색 이용률 분포도를 보면 다음과 같습니다.

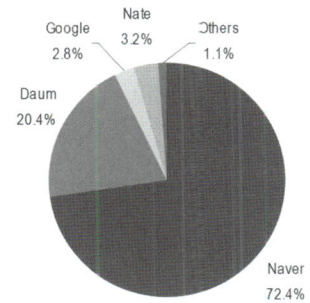

• 인터넷 검색 점유율 (2012년 2월 기준) 출처 : 코리안클릭

위 도표의 결과와 같이 국내 검색시장은 네이버가 70%이상을 차지하고 있습니다. 워드프레스는 구글 검색에는 최적화되어 있

지만, 네이버, 다음과 같은 국내 검색 서비스에는 취약한 단점이 있습니다. 이 장에서는 워드프레스로 만든 사이트를 구글 검색 포털뿐만 아니라 네이버, 다음 검색 포털에서도 검색되어 노출될 수 있는 방법에 대해서 알아보겠습니다.

대시보드에서 글 작성하기

네이버, 다음, 네이트 등 국내 검색 포털 3사의 결과를 테스트하기 위해 워드프레스로 만든 사이트에서 테스트용 글을 작성하도록 하겠습니다. 다음과 같이 워드프레스 대시보드에서 '글 – 새 글쓰기' 메뉴를 선택한 후 제목은 '워드프레스 카페 정모(5/2)'라고 입력하고 본문은 다음과 같이 작성합니다.

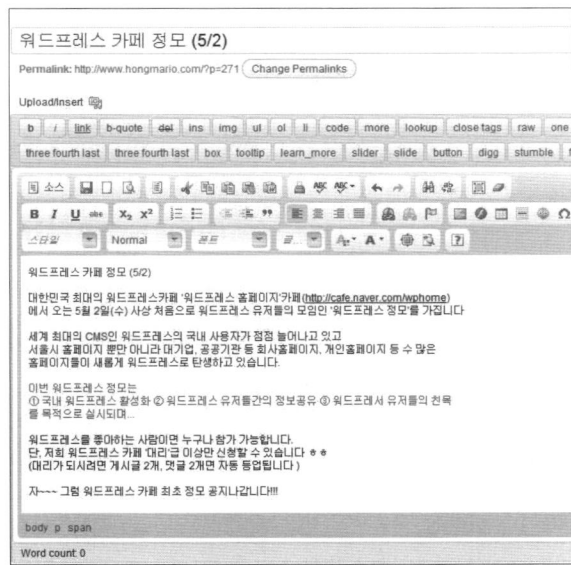

검색엔진최적화 설정하기

게시판 영역 아래에 있는 'WordPress SEO by Yoast' 라는 검색엔진최적화 플러그인을 이용하여 다음과 같이 작성을 합니다. All in SEO 플러그인을 사용해도 무방합니다. 글 작성과 SEO 설정이 완료되었습니다.

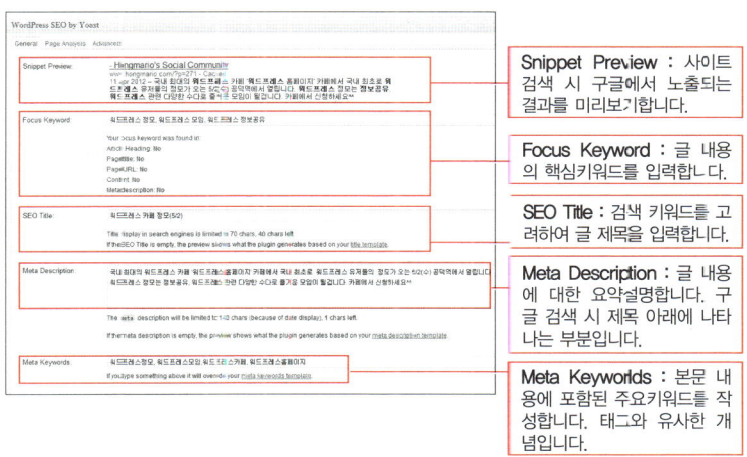

검색 포털에서 게시글 검색 결과 분석하기

네이버, 다음, 구글 검색 포털에서 '워드프레스 정모' 검색어로 검색 결과를 살펴보겠습니다. 즉 작성한 글과 SEO 플러그인 적용을 통해 네이버, 다음, 구글 검색 포털에서 검색 결과가 어떻게 나타나는지 결과를 알아보겠습니다. 다음 네이버, 다음, 구글 검색 포털 검색결과는 워드프레스에 글을 작성한 후 약 1시간 후에 검색한 결과이며, 각 포털마다 결과 반영시간 및 첫 페이지에 노출되는 값은 차이가 있을 수 있습니다.

네이버 검색결과

다음은 네이버 검색 포털의 검색 창에서 '워드프레스 정모' 검색어로 검색한 통합검색 결과 화면입니다. 필자가 카페에서 작성한 강의 공지 글이 카페 검색 탭의 5번째(❷) 등록되어 있을 뿐, 블로그 영역, 웹문서 영역에서는 워드프레스 사이트에서 작성한 게시글을 검색결과에서 찾을 수 없습니다.

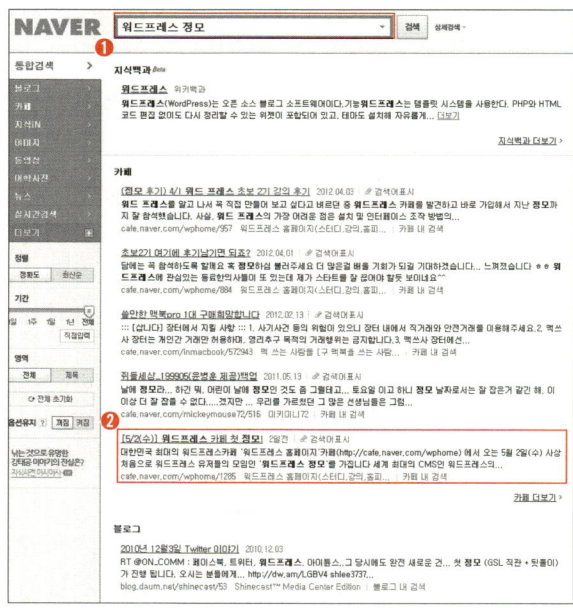

다음 검색 결과

다음은 다음(Daum) 검색 포털의 검색 창에서 '워드프레스 정모' 검색어로 검색한 통합검색 결과 화면입니다. 다음(Daum) 검색 포털에서도 네이버 검색 포털의 검색결과와 마찬가지로 게시글을 찾아 볼 수 없습니다.

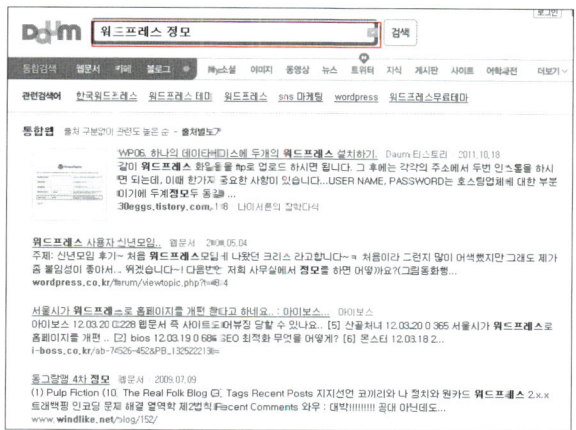

구글 검색 결과

다음은 구글 검색 포털의 검색 창에서 '워드프레스 정보' 검색 어로 검색한 전체검색 결과 화면입니다. 웹문서 검색 영역 상위에 나란히 노출되었습니다. 가장 상단 첫 번째 게시글(❶)은 검색 태그(tag)로 검색되었고, 두 번째는 게시글(❷)은 앞에서 적용한 WordPress SEO 플러그인 활용으로 검색되었고, 마지막은 세 번째 게시글(❸)은 'XML Google sitemap' 플러그인에 의한 '워드프레스' 검색어로 검색된 결과입니다.

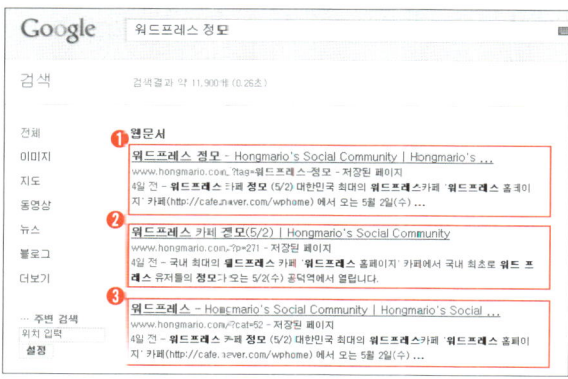

검색 포털의 검색 상위에 노출시키는 방법

워드프레스 사이트의 게시글은 네이버와 다음에서는 SEO 플러그인이 적용되지 않는 것을 알 수 있었습니다. 그러면 네이버나 다음 검색 포털의 검색 결과 첫 페이지에 노출시킬 수 있는 방법은 없는 것일까요? 워드프레스 사이트는 설치형으로 자체 도메인을 가지고 있고, 이미지 소스가 웹상에 있기 때문에 워드프레스 게시글을 복사해서 네이버나 다음에 가져가도 이미지가 깨지지 않습니다. 반대로 네이버에 작성한 글을 다음이나 워드프레스에 가져가면 깨지게 됩니다. 이런 특성을 이용하여 글을 등록합니다. 즉 워드프레스 사이트에서 게시글을 작성한 후 글을 복사하고, 복사한 그 글을 네이버 블로그의 포스트에 붙여넣는 방법으로 등록합니다.

검색 포털의 노출 기준

검색 엔진이 판단하는 검색 노출 기본 요인은 다음과 같습니다.

- **콘텐츠의 제목에서 검색어의 위치와 반복 횟수** : 검색어가 제목 앞쪽, 본문 상단에 배치될수록 유리하고, 반복될수록 유리합니다.
- **본문에서 대표 검색어의 반복 횟수** : 키워드의 반복 횟수가 많을수록 유리합니다. 단, 무분별한 키워드 반복은 어뷰징(검색순위를 높이려는 의로적인 조작 행위)으로 치부되어 노출되지 않을 수 있습니다.
- **본문 글자의 크기와 색상** : 본문 글자의 크기가 크고 색상 등으로 구분될수록 유리합니다.
- **콘텐츠의 전체 크기** : 텍스트 몇 줄의 간단한 컨텐츠보다 이미지와 함께 다양한 정보가 담긴 컨텐츠가 유리합니다.

- **콘텐츠가 위치한 커뮤니티의 인기도** : 새롭게 만든 블로그나 컨텐츠가 부족한 새로운 사이트보다는 운영 기간이 오래된 파워 블로그나 컨텐츠가 풍부한 인기 사이트의 신뢰도를 높게 평가하여 검색 노출에 유리합니다.
- **콘텐츠를 등록한 날짜** : 등록한 날짜가 빠를수록 유리합니다.
- **트래픽 값** : 방문자들이 많고, 게시글의 방문 깊이가 클수록 유리합니다.
- **댓글 및 참여도** : 회원들의 댓글 등을 통한 참여도가 높을수록 유리합니다.
- **키워드 밀도** : 사이트, 블로그 등에 검색한 키워드의 검색 빈도와 비중이 높을수록 노출에 유리합니다.

위의 검색 노출 기본 요인 중 '콘텐츠의 제목에서 검색어의 위치와 반복 횟수' 항목을 예로 들어보겠습니다. 워드프레스에서 '워드프레스 교육안내' 게시글을 발행한다고 가정해보겠습니다. 그림1과 그림2는 모두 '[교육안내]'라는 키워드를 한 번 사용했습니다. 하지만 그림2는 '워드프레스' 키워드가 제목 앞쪽과 중간에 적절히 두 번 반복되었고, 그림2는 한 번 사용되었습니다. 검색포털은 '워드프레스 교육안내'라는 검색어에 그림1의 게시글이 더 유사하다고 판단합니다.

- 그림 1
- 그림 2

위의 검색 노출 기본 요인 중 '본문 글자의 크기와 색상'과 '콘텐츠의 전체 크기' 항목을 예로 들어보겠습니다. 검색엔진은 그림 1의 게시글보다 그림2의 게시글이 더 유사하다고 판단합니다. 검색 포털은 텍스트로만 작성된 게시글 보다는 텍스트에 이미지가 첨부되어 있는 게시글에 더 높은 점수를 부여하고, 검색어의 폰트가 색상과 크기가 강조된 게시글에 더 높은 점수를 부여합니다. 즉 '게시글 + 이미지 몇 컷' 형식으로 워드프레스 게시글을 복사해서 붙여넣기한 후 핵심 키워드의 폰트 크기를 키우고 강조하면 상위 노출 요건에 더 충족시켜 검색 순위에서 상위 노출을 기대할 수 있습니다. 게시글의 상위 노출에 관해서는 '실시간 검색 모바일에서도 통하는 인터넷·검색·소셜 네트워크 마케팅 최적화(앤써북)' 책을 참조하면 많은 도움이 될 수 있습니다.

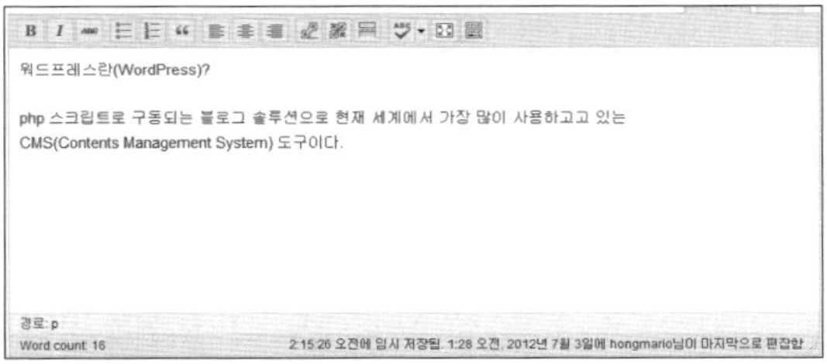

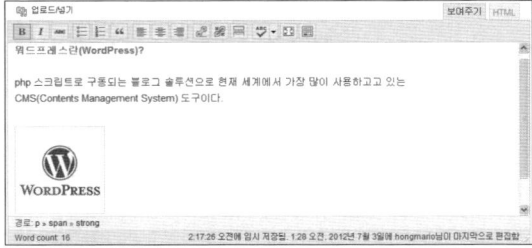

• 그림 1

• 그림 2

워드프레스의 게시글을 이용하여 블로그 게시글 등록하기

따라하기

01 대시보드에서 '모든글' 메뉴를 선택한 후 해당 글을 클릭합니다. 게시글의 전체 내용을 선택하기 위해서 '전체선택 – 복사' 메뉴를 선택합니다.

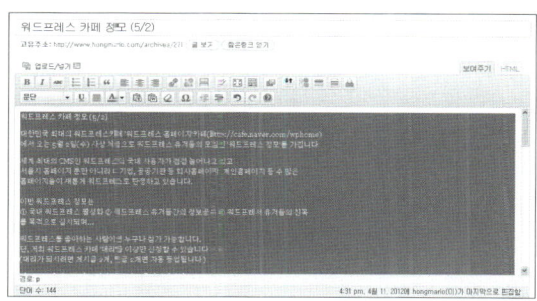

02 네이버 블로그에서 제목을 작성한 후 Ctrl+V 키를 눌러 본문 내용을 다음 그림과 같이 붙여넣기합니다. 그리고 본문 중간 중간 또는 끝머리에 적당한 이미지 몇 개를 삽입한 후 등록합니다.

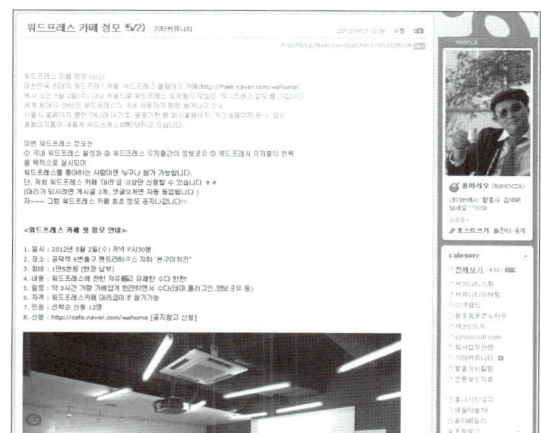

03 다음(Daum) 블로그에서도 위와 동일한 내용을 복사한 후 붙여넣기하고 본문 내용의 문단 사이사이에 관련 사진을 삽입한 후 등록합니다.

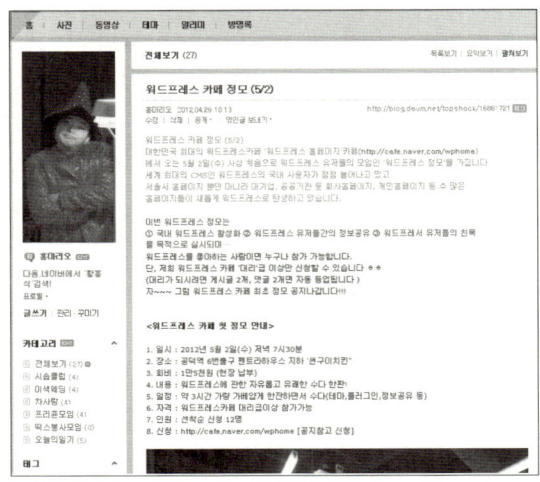

게시글 복사 후 검색 결과 분석하기

네이버 블로그와 다음(Daum) 블로그에서 워드프레스 글을 복사하여 붙여넣는 방법으로 등록한 후 약 20분 후에 네이버 검색 포털의 검색창에서 '워드프레스 정모' 검색어를 검색합니다. 통합 검색 결과 바로 전에 작성한 글이 블로그 검색 섹션 최상단에 노출되어 있음을 확인 할 수 있습니다.

 다음(Daum) 검색 포털에서의 검색은 마이크로소프트사의 Bing 브라우저와 연동이 되어 있기 때문에 워드프레스로 만든 사이트의 게시글이 실시간으로 검색되는 검색율의 빈도가 높습니다. 다음 화면은 '워드프레스 정보' 검색어로 검색한 결과이며, 검색 결과 첫 페이지에 워드프레스로 만든 사이트에서 작성한 게시글이 가장 상위에 노출되었습니다. 상단 탭에 있는 '출처별보기'를 클릭합니다.

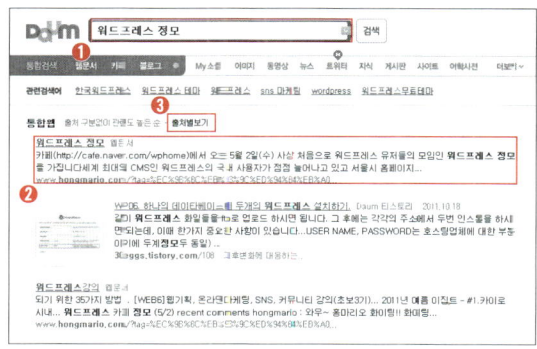

바로 전에 등록한 다음(Daum) 블로그의 포스트가 블로그 섹션 상단(Ⓐ)에 노출되었음을 확인할 수 있습니다. 지금까지 '워드프레스 정모'라는 검색어로 네이버, 다음, 구글 검색 포털의 결과를 다양하게 비교한 결과 워드프레스로 만든 사이트는 구글 검색엔진에 가장 최적화(SEO)되어 있음을 알 수 있었습니다. 다음(Daum) 검색 포털에서도 실시간 검색은 아니지만 약간의 시간이 소요되더라도 검색 엔진 최적화에 맞게 글을 작성했다면 검색 섹션 상위에 노출됨을 알 수 있었습니다.

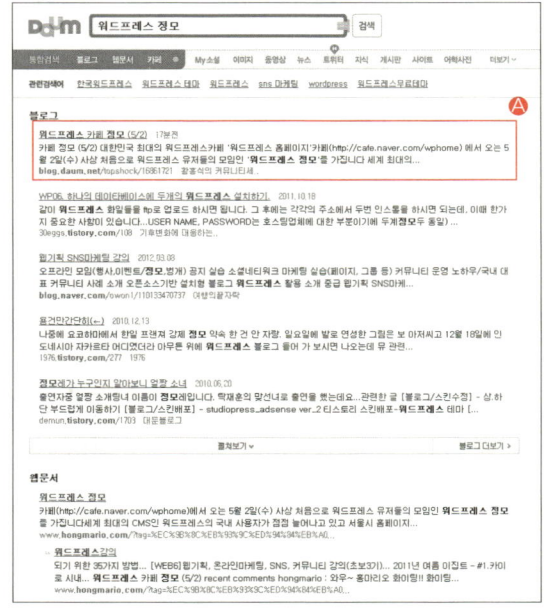

사이트의 콘텐츠 손쉽게 배급하기

웹 페이지는 검색 포털 사이트에서 특정 검색어로 검색하여 확인할 수 있습니다. 하지만 특정 검색어로 검색하여 정보를 습득하는 방법은 원하는 정보를 찾기가 쉽지 않지만, RSS(Really Simple Syndication)를 이용하면 관심 있는 정보를 손쉽게 볼 수 있습니다. RSS는 포털 사이트나 특정 게시판 등에 접속하여 필요한 뉴스나 정보 등을 찾는 수고를 덜어줍니다. 또한 구독기에 등록된 각종 자료를 알아보기 쉽게 구분, 분류, 공유할 수 있습니다.

RSS로 사이트 소식이나 블로그 소식 및 뉴스 등을 구독하기 위해서는 RSS 리더기 또는 구독기가 필요합니다. RSS 리더기는 웹브라우저에서 바로 이용하는 온라인 리더기와 S/W 형태의 리더기가 있습니다. 초보자들이 쉽게 사용할 수 있는 리더기에는 구글 리더, 한RSS, 홈페이지형 리더기인 위자드닷컴 등 온라인 리더기들이 있습니다.

RSS로 특정 웹사이트나 블로그 및 사이트의 특정 게시판 등을 등록하면 그 웹사이트나 게시판 등에 새 글이 등록될 때마다 구글 리더기 또는 한RSS 리더기 등을 통해서 편리하게 구독할 수 있습니다. 이와는 반대로 워드프레스로 만든 자신의 사이트를 구글 리더에 등록하면 다른 사람들이 여러분들의 사이트를 RSS 리더기를 통해 구독이 가능합니다. 즉 워드프레스로 만든 여러분의 사이트 내 컨텐츠가 전 세계로 유포될 수 있습니다.

구글 피드배너 등록하기

구글 리더에 등록되기 위해서는 구글 피드배너가 등록되어 있어야 합니다. 구글 피드배너(http://feedburner.google.com/) 사이트에 접속한 후 구글 계정으로 로그인합니다.

중간의 공란에 자신의 홈페이지 주소를 입력하고 우측에 있는 [Next]버튼을 클릭합니다.

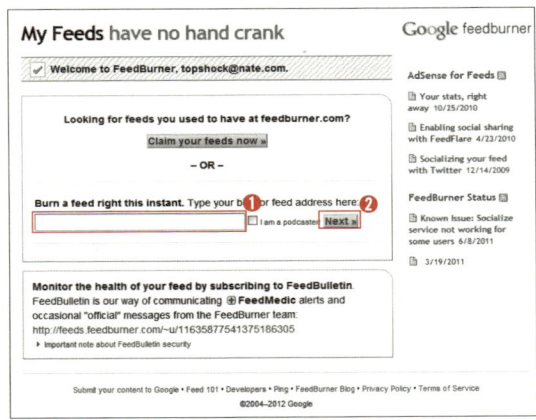

구글 피드배너 등록 시 피드 소스 선택 창이 나타납니다. 가장 상단의 디폴트값 라디오 버튼을 클릭한 후 [Next] 버튼을 클릭합니다.

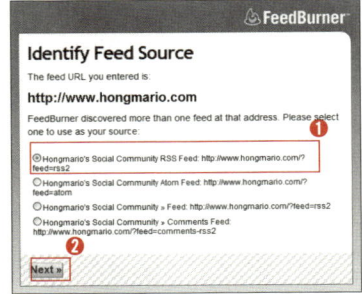

그림1은 피드배너 제목, 주소 입력 화면입니다. 'Feed Title'에는 피트 제목을 작성하고, 'Feed Address'에는 피드배너 계정을 입력합니다. 피드배너 계정으로 사용하는 주소명 중 상당수는 이미 다른 사람들이 사용하는 경우가 많기 때문에 사용 가능한 계정을 입력합니다. [Next] 버튼을 클릭합니다.

• 그림 1

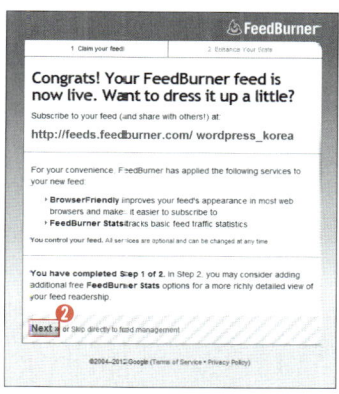

• 그림 2

피드버너 등록이 완료되면, 다음과 같이 피드 제목과 함께 피드버너 메인페이지가 나타납니다. 'Optimize' 탭을 클릭한 후 'BrowserFriendly'를 클릭합니다. 그림2 'BrowserFriendly'에는 대부분의 야후, 구글, NewsGator, myaol 등 외국계 검색엔진과 메타 블로그들이 등록되어있습니다. 하지만 국내 메타 블로그 정보를 서비스하는 곳은 등록되어 있지 않기 때문에 '한RSS' 같은 국내 메타 블로그를 등록시키면 여러분의 워드프레스 사이트를 RSS로 활용할 수 있습니다.

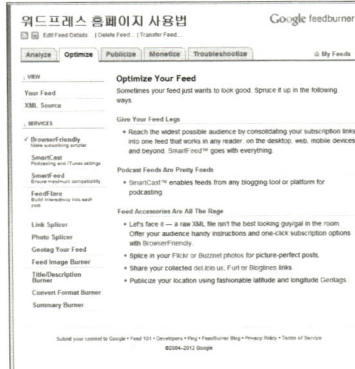
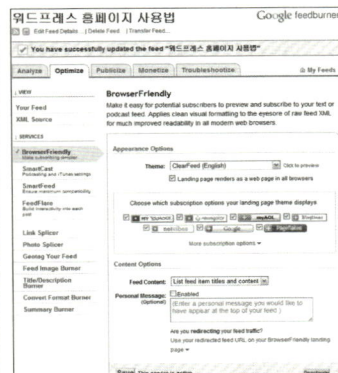

- 그림1. 피드버너 메인페이지
- 그림2

용어 이해: 메타 블로그란?

메타 블로그(meta blog)란 블로그의 집합체라 할 수 있습니다. 즉 검색 포털(네이버, 다음, 구글 등)에서 운영하고 있는 블로그의 포스팅(게시글)을 한 곳에 모아놓은 곳입니다.

03
워드프레스의 미래

지금까지 워드프레스의 개요와 개설하는 방법 그리고 응용 방법까지 다루었습니다. 앞으로 한국에서 워드프레스의 사용률이 증가할지, 세계적으로 어떻게 변화하게 될지 예측해 보도록 하겠습니다.

한국에서 워드프레스의 열기

대한민국이 IT강국이라고는 하지만, 한국은 글로벌 서비스를 접하는 데는 다른 나라보다 많이 뒤쳐져 있습니다. 사회적 문화적 환경으로 아이폰이나 페이스북 등이 국내에 늦게 정착되는 것과 유사한 맥락이라 볼 수도 있고, 국내 검색포탈의 블로그 서비스와 웹솔루션 업체의 이용에 익숙해진 이용자들은 낯선 것에 대한 반감이 작용해 팔로워형 IT산업이라는 모순적인 결과를 낳은 것이라 볼 수도 있습니다. 2003년 탄생한 워드프레스는 2~3년 전부터 국내 IT 전문가나 설치형블로그들 사이에서 조금씩 알려지기 시작했습니다. 본격적인 관심을 받고 유행이 된 것은 서울시 홈페이지가 워드프레스로 구축한다고 발표한 시점인 2012년 3월부터로 추정됩니다.

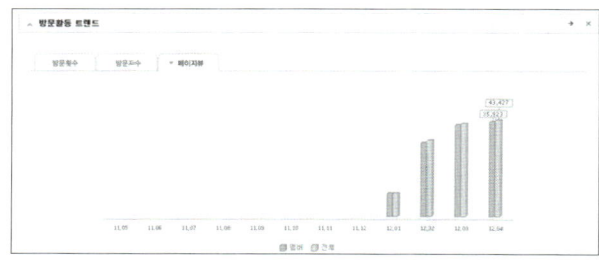

• 워드프레스 카페 방문활동 트렌드_페이지뷰

위 그림을 보면 필자가 운영중인 워드프레스 카페가 오픈한 1월부터 회원들의 활동이 꾸준히 증가하고 있음을 확인할 수 있습니다. 국내에서는 워드프레스가 2012년부터 관심도가 늘어나기 시작했지만, 전 세계적으로는 2011년 이후 급성장을 하고 있습니다. 2010년에는 워드프레스의 전 세계 이용자가 3,500만 명이었지만, 2011년 7천만 명으로 약 2배 이상 증가했습니다. 이 처럼 워드프레스의 인기가 급속하게 증가하고 있는 추세입니다.

• website101.com의 wordpress-infographic 자료.

위 그림을 보면 세계적인 글로벌 사이트들이 워드프레스를 사용하고 있다고 보여주고 있습니다. 국내에서도 공공기관, 대기업, 개인홈페이지, 회사홈페이지 등 사용빈도가 점점 늘어나고 있습니다. 최근 국내에서 워드프레스로 홈페이지를 오픈하는 사이트의 분포도를 살펴보면 중소규모 회사 홈페이지의 이용율이 가장 높습니다. 2012년 5월 현재까지는 중소규모의 사업체를 운영하는 대표이사나 웹분야 종사자들이 워드프레스에 많은 관심을 보이고 있지만, 앞으로 한국의 웹환경에 적합한 테마와 플러그인들이 속속들이 개발되면 순식간에 다양한 계층으로 퍼져나가서 대중화될 것이라 생각됩니다.

실제로 워드프레스가 대중적으로 퍼지게 되었을 때 가장 큰 파급을 일으킬 부류는 역시 우리들의 가정을 책임지고 있는 어머니들입니다. 가족이나 아이들을 위한 가족형 홈페이지를 만드는 것부터 시작해서 개인 취미, 아르바이트를 위한 소규모 비즈니스 홈페이지 분야에서의 이용율이 증가하게 될 것이고, 특히 자신의 작품을 판매하거나 거래를 할 수 있는 쇼핑몰 테마나 플러그인 장착이 대중화되고 쉬워지면 국내에서 워드프레스 열풍은 급속도록 성장 할 수 있을 것으로 예측할 수 있습니다.

워드프레스를 남들보다 일찍 시작한다는 것, 워드프레스 얼리어답터(Early adopter)가 되면 좋은점이 무엇이 있을까요? 현재 네이버나 다음(Daum)의 상위카페들 그리고 파워블로그들이 얼마나 인기 있고 막강한 힘을 발휘하고 있는지 여러분들은 뉴스나 소문 등을 통해서 익히 알고 있을 것입니다.

워드프레스도 마찬가지입니다. 남들보다 먼저 그 분야 최초의 워드프레스 사이트를 만들어 보십시오. 소셜 연동과 스마트폰 연동은 물론이고 글을 작성할 때 마다 자동으로 구글 검색에서 노출되는 엄청난 기능들을 무료로 이용할 수 있는 워드프레스를 선택하는 순간 여러분들의 미래는 달라질 것입니다.

글로벌 시장에서 워드프레스의 전망

워드프레스의 가장 큰 강점 중에 하나가 최신 서비스와 쉽게 연동하는 것입니다. 전 세계의 수많은 개발자들이 오류를 발견하고 새로운 플러그인, 테마를 개발하고 있습니다. 워드프레스는 글로벌 IT업체와 상생하면서 서비스의 융합을 통해서 꾸준히 성장하고 있습니다. 워드프레스는 애플의 아이폰, 삼성의 갤럭시폰, MS 사의 익스플로러, 구글 크롬 그리고 페이스북등에서 새로운 버전과 새로운 기능이 나올 때 마다 항상 빠르게 최적화시켜 동반성장하기 때문입니다.

• 글로벌 IT업체 로고

웹표준화

   워드프레스는 새로운 웹환경에 항상 최적화시키기 때문에 워드프레스로 사이트를 만드는 사례는 꾸준히 증가하기 때문에 미래 전망은 매우 밝습니다. 일반 홈페이지로 만들면 새로운 서비스를 구축하기 위해 프로그램을 새로 개발하거나 솔루션을 구입해야 하지만, 워드프레스는 플러그인이나 테마 등을 통해 쉽게 구현할 수 있습니다.

워드프레스 닷컴의 수익과 안정성

   2008년 비즈니스위크지에서 인터넷에서 가장 영향력 있는 인물 25인에 선발된 워드프레스 창시자인 매튜는 이미 IT계의 유명

인사로 알려져 있습니다. 그는 모든 것을 무료로 공개하지만, 부가적인 호스팅, 기업의 보안 등으로 오토매틱 회사를 통해 꾸준한 수익을 올리고 있습니다. 뿐만 아니라 워드프레스 재단을 설립으로 다양한 활동을 하고 있어 앞으로 워드프레스의 전망도 더욱 밝아질 것으로 기대합니다.

• 워드프레스 재단 홈페이지

빠르게 성장하는 글로벌 IT화

IT전문가들은 간혹 앞으로 영어공부를 할 필요가 없다고 말합니다. 구글번역 수준이 빠르게 성장하고 있고 조만간 스마트폰이나 특정 기기를 통해 자동번역이 대화로 가능할 것이라고 말합니다. 이런 번역수준이 향상되면 워드프레스의 번역 플러그인들이 더욱 활성화 될 것이고 이는 자신의 워드프레스 사이트 채널이 전 세계로 매우 빠르게 확대 될 수 있습니다.

가령, 자신이 대한민국의 어느 한 분야의 전문가라고 한다면 그가 만든 워드프레스 사이트의 컨텐츠는 자동으로 수 십 개국에 자국어로 노출될 수 있을 것이고, 커뮤니케이션과 쇼핑몰 등과 융합시켜 글로벌 비즈니스를 창출할 수 있습니다.

• 필자의 마이스페이스 해외친구들

워드프레스 홈페이지 개설을 준비하시는 분들께

현재 국내에서 워드프레스에 가장 관심을 많이 가지는 주 연령층은 30대입니다. 기업의 주축이 되는 핵심 멤버 세대이자 우리 사회의 중심인 세대이기도 합니다. 하지만, 곧 40~50대가 되면 아이들 학비 걱정뿐만 아니라 노후를 걱정해야 합니다. 대기업에 종사해도 정년은 점점 짧아지고 있고, 창업도 갈수록 힘들어지고 있습니다. 그러면 우리가 거의 매일 사용하고 있는 인터넷은 현재 2030세대가 노년층이 되면 어떻게 활용할까요? 아마도 노년층이 된다고 해서 인터넷을 사용을 멀리하는 일은 없을 것입니다. 그 어느 세대보다 인터넷과 함께 성장해온 세대이기 때문입니다.

노년층이 되어서 남들은 그럴싸한 홈페이지를 가지고 수익도 발생시키고 커뮤니티 활동도 열심히 해서 즐겁고 행복하게 살고 있는데, 나 혼자 백수가 되어서 외톨이가 된다면 얼마나 쓸쓸하고 외롭겠습니까? 지금부터라도 워드프레스라는 서비스를 이용히 천천히 준비해보실 것을 권합니다. 워드프레스로 여러분들이 평소에 관심있는 주제오 컨텐츠로 홈페이지를 만들어 보고 직접 관리 운영하면서 글로벌 IT 트렌드를 즐겨보시기 바랍니다. 워드프레스에 관심과 열정 그리고 시간을 투자한다면 여러분들에게 분명히 좋은 결과 따를 것이며 거기엔 행복이란 선물이 함께 동반할 것입니다.

부록
워드프레스 핵심 Q&A

워드프레스 카페(cafe.naver.com/wphome)를 운영하면서 자주 묻는 질문들 중 가장 빈도수가 높은 질문과 답변 목록입니다.

Q1 : wordpress.com과 wordpress.org의 차이가 궁금해요? '설치형이다.', '실행형이다.' 라는 이야기가 있던데 각각 무슨 뜻인지 모르겠습니다. 지금 도메인 신청하고 호스팅까지는 완료했습니다. wordpress.com 워드프레스 대시보드에서는 모두 블로그 변경에 관한 내용만 있습니다. 하지만 워드프레스를 배우는 목적은 블로그를 만들고 싶어서가 아니라 홈페이지를 만들고 싶어서입니다.

A1 : 답변자_홍마리오(topshock), wordpress.com은 무료로 이용 가능한 가입형 워드프레스 서비스입니다. 단, 용량에 제한이 있습니다. 무료로 서비스를 이용한 후 용량 또는 트래픽 증설이 필요할 경우 유료로 사용해야 되며, 호스팅 등의 과정이 복잡하기 때문에 wordpress.org를 이용할 것을 권장합니다. 워드프레스 카페 왼쪽 메뉴 중 [WP뽀개기] 게시판을 참고하시면 도움이 됩니다.

Q2 : cafe24 유료 호스팅 신청한 후 손쉽게 워드프레스 설치할 수 있었습니다. 그런데 문제점 한 가지가 발생했습니다. 내가 고른 테마 게시판에 ㅇㅇㅇ원장님과 스탠리님께서 추천

해주신 유료테마 두 개를 구매한 후 설치했는데, 다음과 같은 메시지가 계속 나오는데, 그 이유를 모르겠습니다.

```
Installing Theme from uploaded file: themeforest-253220-udesign-wordpress-theme.zip
Unpacking the package
Installing the theme
The package could not be installed. The theme is missing the style.css stylesheet.
Theme install failed.


Are you sure you want to do this?

Please try again.
```

A2 : 답변자_홍마리오(topshock), 저도 테마 설치 시 비슷한 상황을 겪었었습니다. ZIP 파일의 압축을 풀면 'Template files' 폴더가 있으며, 그 폴더 안에 ZIP 파일이 하나 더 있을 가능성이 있습니다. 추가로 찾은 ZIP 파일의 테마 설치해 보시면 제대로 진행될 것입니다. themeforest는 5,000개의 테마가 제공되는 가장 대중적인 테마이지만 몇 가지 단점이 있습니다. 그 중 테마를 다운받으면 한 번 더 폴더에 들어가야 한다는 점입니다. 즉 폴더 내 또 다른 폴더가 존재할 것입니다. 그 중 한 곳에 다운로드 받은 테마 '테마제목.zip' 파일이 존재할 것입니다. 그 '테마제목.zip' 파일 테마설치에서 설치하면 해결됩니다.

Q3 : 워드프레스에서 동영상이 플레이 되는 경우는 다른 동영상 서비스에 등록이 되어있는 동영상을 임베딩하는 방법으로 진행을 하는 건가요? 아니면, 자체 서버에 있는 파일을 플레이 하는 건가요? 이럴 경우, 미디어서버(예: 와우자, HTTP

Streaming) 같은 것을 별도로 구비해야 하는 건가요? 또한 호스팅 서비스 업체 중 대역폭이나 전송량이 무제한인 경우가 있는지와 미디어 스트리밍을 위한 제반 서비스는 있는지 그리고 접근이 가능한지 등에 대해서 궁금합니다.

A3 : 답변자_스탠리(bingles), 최근에 개인, 기업, 공공기관 등에서는 동영상을 웹사이트에 게시할 때는 유튜브나 비메오 등과 같은 동영상 호스팅 서비스하는 곳에 업로드한 후 공유하는 방법으로 서비스합니다. 스트리밍 서버는 동영상을 전문적으로 서비스하는 웹사이트에서나 이용합니다. 동영상을 직접 웹사이트 서버에 업로드하면 트래픽이 부담스러울 수 있으며, 유튜브나 비메오 등 동영상 서비스하는 곳에 동영상을 게시하면 다른 사람들에게도 홍보를 할 수 있기 때문입니다.

Q4 : 테마설정 중 에러가 발생하여 화면에 아무것도 보이지 않고 오로지 하얗게만 보입니다. ftp를 이용하여 모두 삭제하고 처음부터 다시 적용하고 했는데도 불구하고 계속 동일한 문제가 발생합니다. 어떤 문제인지 알 수 있을까요?

A4 : 답변자_JonJon(podings), 우선 아이디랑 패스워드부터 내리세요. 또한 모두 데이터를 삭제할 때는 데이터베이스(DB)도 함께 삭제해야 합니다.

Q5 : 안녕하세요. SNS에 관심이 많은 일반블로거입니다. 트위터, 페이스북, 핀터레스트 등 최신 SNS 서비스에만 활동하다가 최근에 블로그를 운영해야겠다는 마음을 먹고, 네이버

블르그를 가설했습니다. SNS 전문가님들의 블로그 관련 포스트를 읽으면 대부분 워드프레스와 같은 설치형블로그를 운영해야한다는 말씀을 하시는데 전문블로거를 지향하는 것이 아님에도 워드프레스를 개설해야하는 이유는 무엇인지 궁금합니다. 또한 워드프레스를 잘 활용하기 위해서는 관련 시스템 소프트웨어인 PHP와 Mysql이 기본 능력이 필요한가요? 그렇다면 더더욱 일반블로거 수준을 원한다면 오히려 설치이후 꾸준히 관리하는데 어려움이 있지 않을까요?

A5 : 답변자_디테일(alpmega37), 안녕하세요. 전문적인 답변은 어렵습니다만, 참고로 말씀드리면, SNS 전문가들이 워드프레스로 블로그 운영을 해야 한다고 무즈건 따라할 필요는 없습니다. 전문가들이 '설치형블로그를 운영해야 한다.'고 말하는 것은 오랜 시간 자신들이 운영한 결과 서비스형블로그의 장점보다 단점이 많다고 느꼈거나 단점을 자신의 입맛대로 변경 및 수정 할 수 없기 때문에 그렇게 말하는 것으로 생각됩니다. 마찬가지로 워드프레스 같은 설치형 블로그도 장·단점이 있습니다. 워드프레스의 많은 장점 중 중요한 것은 검색 노출에 강점이 있다는 것과 FHP와 Mysql에 대한 지식이 있으면 테마나 플러그인을 통한 확장할 수 있고 원하는 스타일로 변경 및 수정하여 사용하기 유리하다는 점들이 있습니다. 그러므로 질문자님과 같은 경우는 굳이 전문블로거를 지향하는 것이 아니시라면 사용과 운영이 간편하고 따로 관리할 필요가 없는 서비스형블로그(네이버 등)를 사용하는 편이 좋을 것으로 생각됩니다.

Q6 : HTML, PHP도 전혀 모르는 완전 초보자입니다. 짐작만으로 테마 소스를 고쳐서 홈페이지를 만들었습니다. 그런데 아무래도 투박해 보여서 문의 드립니다. 좀 더 전문가적인 홈페이지처럼 꾸미고 싶은데, 무엇을 어떻게 해야 하는지요? 목표는 서울시 홈페이지로 현재 계속 수정해가려고 합니다. 폰트나 레이아웃 수정 등 많은 조언 부탁드리며, 몇 가지 질문을 드립니다.

❶ 폰트를 변경하려면 어느 부분을 수정해야 할까요? 굴림 말고 돋움으로 수정하려고 합니다.

❷ 컨텐츠를 클릭 했을 때 항상 같은 사이드바와 위젯이 나오는데, 카테고리 또는 페이지마다 다른 사이드바와 위젯이 나오게 하려면 어디를 수정해야 할까요?

A6 : 답변자_JonJon(podings), ❶번 항목은 CSS파일 안에 font-family를 원하는 폰트(font)로 변경합니다. ❷번 항목은 custom sidebar 플러그인을 설치하면 됩니다. 플러그인을 이용한 방법이 아니라면 번거롭지만 index.php 파일을 불러온 후 'get_sidebar();'에 조건문을 추가하는 방법이 있습니다. 하지만 초보자들은 플러그인을 이용하는 방법을 추천합니다. 조건문을 추가하는 방법보다는 플러그인을 이용하는 것이 손쉽게 변경할 수 있기 때문입니다.

답변자_Bulletproof(cjy0408), ❷번 항목은 Dynamic Widgets 플러그인을 다운로드 받은 후 사용하시면 좋을 것 같습니다. 설정이 복잡할 거 같으나 자세히 보면 어렵지 않습니다. 활성화와 비활성화 된 웨젯이 나열되어 각각의 위젯별로 설정이 가능합니다. 그러나 페이지와 카테고리에서 부모페이지나 상위카테고리에 해당하는 자식페이지나 하위 카테고리가 나오게 할 경우에는 일일이 하나하나 지정해 주어야 하기 때문에 다음 플러그인을 사용하는 것이 좋을 것 같습니다. 페이지와 카테고리가 '부모 – 자식'으로 구분이 되어 있어야 플러그인 효과가 기대할 수 있습니다. 만약 페이지 정렬이 필요한 경우가 있을 때는 세 번째 플러그인을 사용하면 좋습니다. 페이지 리스트로 이동한 후 원하는 순서대로 드래그하면 완성됩니다. 이 플러그인은 사용 후에 비활성화 해도 무관합니다.

- Dynamic Subpages
- List Sub Categories (LSC)
- Simple Page Ordering

Dynamic Subpages, List Sub Categories (LSC) 플러그인은 부모나 상위 페이지나 카테고리에 하위 페이지나 카테고리가 없을 때는 위젯에 내용이 나타나지 않습니다. 이런 부분을 고려하여 Dynamic widgets 플러그인과의 조합으로 원하는 사이드바의 노출을 조절합니다. 구성하고 계시는 것을 질문으로만 짐작하여 알려드리는 것이므로 참고용으로 생각하세요. 직접 시도해 보는 방법이 최선입니다.

Q7 : 워드프레스 관리자페이지(admin)으로 접속되지 않습니다. 가입형에서 설치형으로 변경하는 과정에서 호스팅을 셋팅하고 FTP를 통해 워드프레스 파일을 수정 한 후 업로드했습니다. 웹브라우저에서 사이트 관리자 페이지(admin) 주소로 접속하면 페이지로 이동하지 않고 가입형 블로그 페이지로 이동합니다. 무엇 때문인지 그 이유를 잘 모르겠습니다.

A7 : 답변자_스탠리(bingles), 도메인은 네임서버를 바꾸셨나요? 호스팅 신청하신 곳의 네임서버로 바꾸어야 합니다. 현재 설치한 도메인 주소와 '관리자 - Setting'에서 지정한 워드프레스의 설치 주소가 일치해야 합니다. 가입형 블로그 페이지로 이동하는 경우는 그 도메인의 주소가 가입형 서버의 네임서버로 되어있기 때문입니다. 네임서버를 변경한 후 몇 시간에서 하루 정도 지나야 셋팅이 완료됩니다.

Q8 : 홈페이지 대시보드가 정상이 아닌 것 같습니다. 대시보드에 접속하면 프로필 외에 메뉴들이 대부분 보이지 않습니다. 웹 호스팅은 파란(paran.com)에서 제공하는 무료 도메인을 사용했습니다. 설치는 했는데 메뉴가 보이지 않아서 답답하네요.

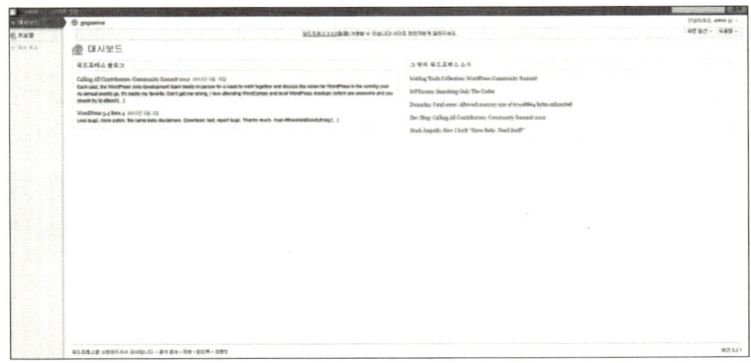

A8 : 답변자_스탠리(bingles), 이런 경우는 관리자로 로그인 한 것이 아니라 Subscriber 권한으로 로그인한 것 같습니다. 아이디의 사용자 권한을 확인해보시기 바랍니다.

Q9 : 스마트 에디터 같은 기능이 가능한가요? 워드프레스를 개설 후 포스팅할 때, 네이버의 스마트 에디터처럼 작성할 수 있는 건가요? 레이아웃, 글양식, 스마트포토 등과 같은 기능도 가능한가요? 그리고 네이버는 왜 워드프레스나 티스토리 처럼 개방형 블로그를 지원하지 않는 건가요?

A9 : 답변자_스탠키(bingles), 스마트에디터는 별도로 개발자가 설치해야 합니다. 워드프레스에서 제공되는 기본 에디터가 있습니다. 다른 에디터들을 플러그인 형태로 설치해서 사용 할 수가 있습니다. 하지만 기본 에디터로도 원하는 형태의 게시글 작업을 할 수 있습니다. 레이아웃, 글 양식, 스마트 포토 등은 별도의 shortcode 등으로 다른 어떤 에디터 보다 훨씬 다채로운 페이지 구성이 가능합니다. 네이버는 왜 그럴까요? 그것이 저도 궁금합니다. 네이버의 장점 등은 있겠지만 안타깝게도 글로벌 트렌드를 따라가지 못하기 때문에 국내 인터넷 사용자들도 글로벌 트렌드를 접하는 기회나 사용자 경험이 부족한건 사실입니다.

Q10 : 가격에 관해 질문드립니다. 유료테마(http://themeforest.net/item/zipfolio-single-page-portfolio-template/1167030)를 구입할 계획인데, 유료테마는 정기적으로 사용료를 지불해야 되는 건가요? 만약 정기적으로 사용료를 지불해야 한다면 사용기간은 어떻게 알 수 있으며, 또한 확장 라이센스 가격(❶)이란 무엇인지요?

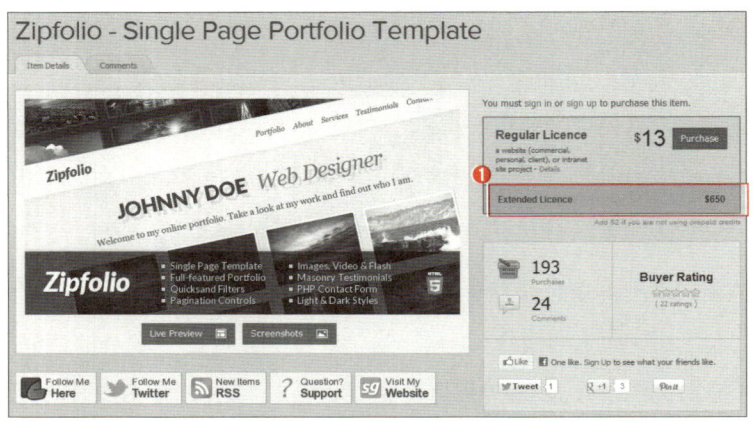

A10 : 답변자_스탠리(bingles), Regular Lisence에서 제시된 가격($13)으로 구입할 수 있습니다. 단, 1개의 도메인에만 사용하실 수 있습니다. 확장라이센스는 워드프레스 멀티사이트, 즉 여러 도메인에 사용할 수 있고 다양한 방편으로 테마를 이용하실 수 있습니다. 주의해야 될 사항은 유료테마(http://themeforest.net/item/zipfolio-single-page-portfolio-template/1167030) 링크 주소는 워드프레스 테마가 아닙니다. 위 $13달러짜리 구입하면 워드프레스에 테마로 사용할 수 없다는 의미입니다.

Q11 : 도메인 연동 관련 질문입니다. 예전에 카페24에서 도메인을 구입한 후 홈페이지를 만들기 전까지 네이버 카페에 연동시켜놓은 상태입니다. 여기에 워드프레스 테마를 구입한 후 카페에 연동시킨 도메인을 연결시키려고 합니다. 카페24에 웹호스팅을 신청한 후 워드프레스를 설치하고 사용하려면 네임서버를 세팅하고 웹호스팅 사이트에서 도메인 변경을 해주어야 된다고 하셨는데. 문제는 연동된 도메인을

네이버 카페와 연동해서 사용하고 있습니다. 이 상황에서 워드프레스를 설치하고 테스트해볼 수 있나요? 단, 도메인 연동은 홈페이지가 서버에서 완벽하게 운영될 수 있는지 판단된 후, 즉 오픈해도 문제가 없다고 판단될 때 연동시키고 싶습니다. 어떻게 하는 것이 가장 좋은 방법이 없을까요?

A11 : 답변자_오터넷(dhrod0325), 윈도우에서 APM(Apache, PHP, MySQL)을 사용할 수 있도록 자동으로 설치 및 설정 해주는 프로그램인 'APMSETUP'을 사용하면 자신의 컴퓨터에서 테스트해볼 수 있습니다. 'APMSETUP'은 아무런 제한이 없는 프리웨어(무료사용)입니다. APMSETUP 사이트(www.apmsetup.com) 사이트에 접속한 후 APMSETUP 프로그램을 다운로드 받은 후 설치하면 데모 홈페이지를 만들면 됩니다.

【 cafe24™ 무료이용 쿠폰 요청 및 사용 방법 】

'10G 광아우토반 Full SSD 웹호스팅 3개월 무료이용 쿠폰번호를 요청하신 이메일로 보내드립니다.

> 워드프레스로 홈페이지 · 블로그 만들기
> cafe24™ 10G 광아우토반 Full SSD 웹호스팅 3개월 무료이용 쿠폰

【쿠폰번호 발급 및 요청 방법】

앤써북 고객센터로 다음과 같은 형식으로 메일을 보내주시면 메일 확인 후 1~2일 이내로 쿠폰번호를 요청하신 메일로 보내드립니다.

- **요청 형식** : 이메일 제목에 [도서 이용 쿠폰 요청]이라고 작성한 후 '구입하신 도서명', '카페24 아이디', '이름'을 작성하여 앤써북(answerbook.co.kr) 고객센터로 보내주시면 감사하겠습니다.
- **앤써북 고객센터 이메일** : duzonlife@empas.com

※ 쿠폰발행과 관련된 전화문의는 받지 않습니다. 쿠폰입력 및 사용에 관한 문의는 앤써북 고객센터 이메일(duzonlife@empas.com)로 보내주시면 최대한 빠른 시간에 답변 드리겠습니다.
※ 쿠폰관련 문의사항 : 앤써북 고객센터 070-8877-4177
※ 쿠폰번호가 유출되는 문제로 인하여 부득이하게 쿠폰번호를 이메일로 보내드리는 점 양해 부탁드립니다.

쿠폰 사용 방법은 다음과 같습니다.

❶ 본 쿠폰은 유효기간 내 신규 신청 시에만 사용 가능합니다.
❷ 본 쿠폰은 한 번만 사용 가능하며, 중복 사용은 불가능합니다.
❸ 쿠폰인증 유효기간은 2015년 03월 30일까지

【 cafe24™ 웹호스팅 상품 3개월 무료 이용 쿠폰 사용 안내】

'10G 광아우토반 FullSSD 절약형' 3개월 무료 이용 쿠폰의 사용 방법은 다음과 같습니다.

1 카페24 호스팅센터 (cafe24.com) 회원가입 후 '10G 광아우토반 Full SSD' 호스팅 상품 중 절약형의 [신청하기] 버튼을 클릭합니다.

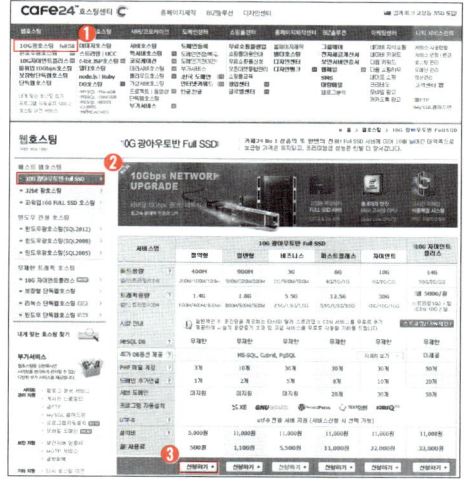

2 해당 서비스 아이디와 관리자 정보 등을 설정하고 약관 동의 박스를 체크한 후 [다음] 버튼을 클릭합니다.

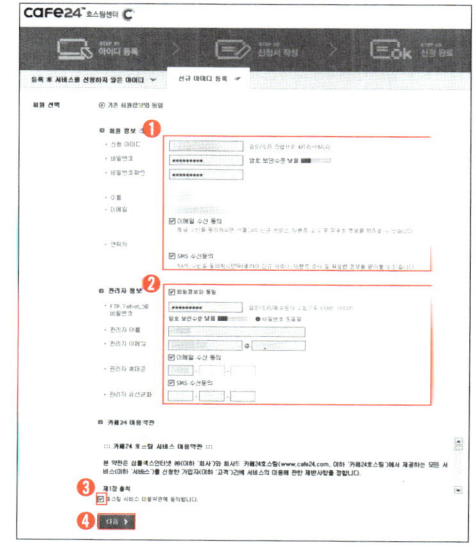

3 신청내역에서 기간은 '3개월'을 선택하고 서버 환경설정은 'PHP 5.3/MySQL 5.xUTF-8'을 선택합니다. 도메인 선택에서 카페24 무료 도메인, 개인적으로 구입한 보유 도메인, 새로 구입한 신규 도메인 중 한 가지를 선택합니다.

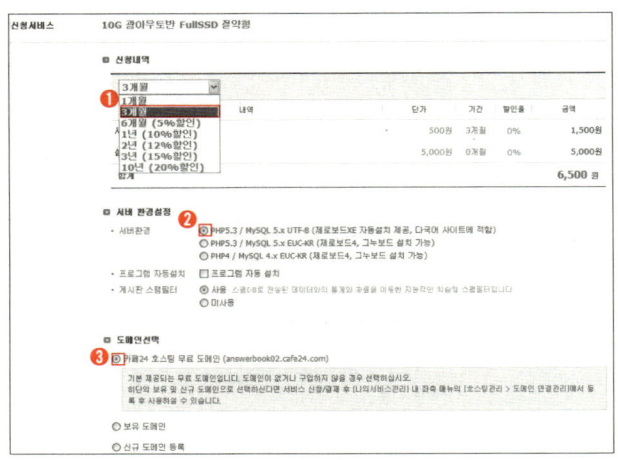

4 결제정보를 확인하고 결제수단에서 '쿠폰'을 선택한 후 쿠폰번호를 입력한 후 [결제하기] 버튼을 클릭하면 '10G 광아우토반 FullSSD 절약형' 서비스 신청이 완료됩니다. 신청이 완료 되면 30분내 접속이 가능합니다.

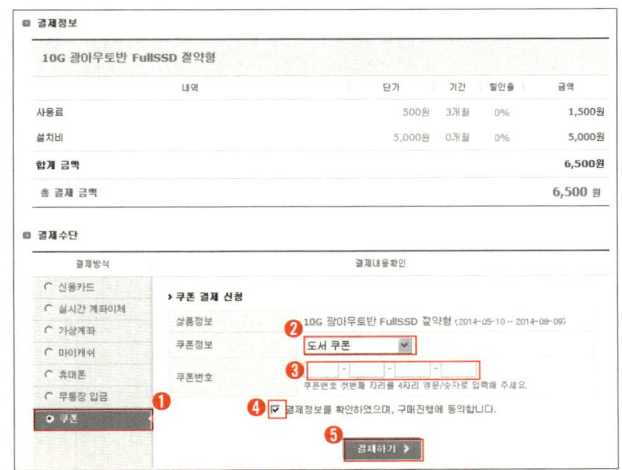